Langenscheidt

Spanische Grammatik
Leicht und kompakt

Von Begoña Prieto Peral und Victoria Fülöp-Lucio

Langenscheidt

Spanische Grammatik Leicht und kompakt

Autorinnen: Begoña Prieto Peral und Victoria Fülöp-Lucio
Neu bearbeitet und erweitert von Dr. Christiane Wirth und Torsten Lasse
Illustrationen: Claas Janssen, www.janssen-illustration.de
Umschlaggestaltung: Mariela Schwerdt, Stuttgart
Umschlagfotos: Shutterstock, New York: Schmetterling (Butterfly Hunter); Raupe: (Matee Nuserm); Blätter: (artjazz)

Basiert auf ISBN 978-3-12-563319-3

Die Symbole:

- Vorsicht, hier gut aufpassen!
- Unterschiede zum Deutschen
- Verweis auf zusammenhängende Grammatikthemen

1. Auflage 2021

www.langenscheidt.com

Satz: Digraf.pl – dtp services
Druck und Bindung: Publikum d.o.o

ISBN 978-3-12-563464-0

Vorwort

Sie werden sehen: Spanische Grammatik kann Spaß machen! So leicht wie möglich führt Sie dieses Buch in die wichtigsten Gebiete der Grammatik ein. Lustige Cartoons illustrieren die zentralen Themen und vermitteln Ihnen die Regeln auf amüsante und lockere Weise. Denn es ist nicht das Ziel dieses Buches, Sie mit Informationen zu überschütten, sondern einfach das nötigste Wissen zu vermitteln.

Die Langenscheidt Spanische Grammatik Leicht und kompakt ist nach dem kommunikativen Ansatz konzipiert. Das heißt: Nicht die Regel steht im Vordergrund, sondern die Funktion der Sprache. Sie lernen also zu erkennen: „Was teilt mir mein Gegenüber wie mit?" Anschließend können Sie Ihr neu erworbenes Wissen in vielen Übungen trainieren. Um Ihnen das Lernen zu erleichtern, haben wir die Wörter, Wendungen und Beispiele ins Deutsche übersetzt. Die Lösungen zu den Übungen finden Sie am Ende des Buches.

Und nehmen Sie sich bitte nicht zu viel vor! Sie brauchen nicht das ganze Buch auf einmal zu verschlingen. Nehmen Sie lieber öfter mal einen kleinen Happen – so kommen Sie sicher und ohne Magendrücken ans Ziel.

Zur Wiederholung oder um Ihr Wissen aufzufrischen, können Sie auch einfach von Regel zu Regel oder von Übung zu Übung springen und sich jeweils den Bissen schnappen, der Ihnen gerade am besten schmeckt!

Die Langenscheidt-Redaktion wünscht Ihnen viel Spaß und Erfolg mit dieser Grammatik!

1 Substantive und Artikel

oder *Gegenstände und Personen benennen*

Zur Linken die Plaza Mayor. Und zur Rechten das Rathaus.

Die Sachen beim richtigen Namen nennen? Das ist nicht nur für eine Reiseleiterin wichtig! Und deswegen gibt es Substantive (Hauptwörter).

1.1 Geschlecht der Substantive

oder *Männlich und weiblich*

Maskulin, feminin oder Neutrum? Die Frage lässt sich fürs Spanische leichter beantworten als fürs Deutsche, denn alle Substantive sind entweder männlich oder weiblich, es gibt kein Neutrum!

Wie erkennen Sie nun, welches Geschlecht ein Substantiv hat? Ganz einfach: anhand der Wortendung oder der Wortbedeutung!

• Endung der Substantive:

Substantive, die auf -o enden, sind meist männlich, Substantive, die auf -a enden, meist weiblich. Substantive, die auf -or, -aje, -l enden, sind meist männlich.
Substantive, die auf -ad, -ción, -sión und -ud enden, sind meist weiblich.
Substantive, die auf -e, -ista oder einen Konsonanten enden, können weiblich oder männlich sein.

• Bedeutung der Substantive:

Männlich sind:
- Wörter, die männliche Personen bezeichnen, z. B. el padre *der Vater*, el hombre *der Mann*, el chico *der Junge* usw.
- Wochentage und Monate: el lunes *der Montag*, el martes *der Dienstag*; el mes de enero *der Monat Januar*; el día *der Tag*, el año *das Jahr* usw.
- die meisten Namen von Flüssen, Seen, Meeren, z. B. el Guadalquivir, el Tajo, el Mediterráneo usw.
- die meisten Baumarten: z. B. el roble *die Eiche*, el almendro *der Mandelbaum*, el manzano *der Apfelbaum* usw.

Weiblich sind:
- Wörter, die weibliche Personen bezeichnen, z. B. la madre *die Mutter*, la hija *die Töchter*, la niña *das Mädchen* usw.
- die Namen der Buchstaben, z. B. la a *das a*, la ene *das n*, la pe *das p* usw.
- viele Obst- und Gemüsesorten, z. B. la fresa *die Erdbeere*, la cebolla *die Zwiebel*, la col *der Kohl* usw.

Maskulin		Feminin	
el chico	*der Junge*	la chica	*das Mädchen*
el estudiante	*der Student*	la estudiante	*die Studentin*
el dentista	*der Zahnarzt*	la dentista	*die Zahnärztin*
el autobús	*der Bus*	la canción	*das Lied*
el paisaje	*die Landschaft*	la cantidad	*die Menge*
el hotel	*das Hotel*	la luz	*das Licht*

! Aber keine Regel ohne Ausnahme!

- weibliche Sustantive auf -o: la foto *das Foto*, la radio *das Radio*, la mano *die Hand*, la moto *das Motorrad/ das Moped*
- männliche Substantive auf -a: el día *der Tag*, el tema *das Thema*, el problema *das Problem*

1.2 Pluralbildung der Substantive
oder *Mehr an der Zahl*

Der Plural der Substantive wird in der Regel folgendermaßen gebildet:

An Substantive, die auf einen unbetonten Vokal oder -é enden, hängt man ein -s an (casas, cafés).
An Substantive, die auf einen Konsonanten, einen betonten Vokal (außer -é) oder -y enden, hängt man -es an (trenes, hindúes, jerseyes).
Substantive, die auf -s enden und deren letzte Silbe unbetont ist, bleiben im Plural unverändert (el/los lunes).

Vokal		**Konsonant**	
el chico	los chico**s**	el hotel	los hotel**es**
der Junge	*die Jungen*	*das Hotel*	*die Hotels*
la dentista	las dentista**s**	la canción	las cancion**es**
die Zahnärztin	*die Zahnärztinnen*	*das Lied*	*die Lieder*
la muchacha	las muchacha**s**	el autobús	los autobus**es**
das Mädchen	*die Mädchen*	*der Bus*	*die Busse*
el paisaje	los paisaje**s**	la cantidad	las cantidad**es**
die Landschaft	*die Landschaften*	*die Menge*	*die Mengen*
el número	los número**s**	la luz	las lu**ces**
die Nummer	*die Nummern*	*das Licht*	*die Lichter*

! Beachten Sie die Schreibweise!

Substantive, die auf -z enden, bilden den Plural auf -ces! Z. B. la lu**z** – las lu**ces**, el pe**z** – los pe**ces**.

1.3 Bestimmter und unbestimmter Artikel
oder *Ein Substantiv steht selten allein*

Wo arbeiten Sie? - In einer Bank hier nebenan.

Ein Substantiv wird in der Regel von einem Artikel begleitet.

Bestimmter und unbestimmter Artikel richten sich in Geschlecht und Zahl nach dem Substantiv, auf das sie sich beziehen.

	Maskulin	Feminin
Singular	el/un maestr**o** *der/ein Lehrer*	la/una maestr**a** *die/eine Lehrerin*
Plural	los/unos maestr**os** *die/– Lehrer*	las/unas maestr**as** *die/– Lehrerinnen*

1.4 Gebrauch des Artikels
oder *La señora Gómez*

Der Artikel steht vor einem Substantiv oder Wort, das die Funktion des Substantivs übernimmt, um Geschlecht und Zahl zu definieren. Der Artikel ist bestimmt oder unbestimmt, wie im Deutschen.

! Ein paar Besonderheiten im Gebrauch des Artikels sollten Sie beachten!

- Im Unterschied zum Deutschen hat der unbestimmte Artikel im Spanischen einen Plural, unos, -as, der eine unbestimmte Menge bezeichnet. Im Deutschen wird er entweder nicht übersetzt oder mit *einige*, *ein paar* wiedergegeben. Vor Zahlen bedeutet unos, -as *ungefähr.*

Carlos tendrá **unos** treinta años, supongo. *Carlos wird wohl ungefähr dreißig Jahre alt sein, vermute ich.*

❗ Achten Sie auf die Anrede!

Wenn Sie über eine Person sprechen, dann müssen Sie vor señor, señora, señorita den bestimmten Artikel setzen. Nicht aber in der direkten Anrede, hier wird kein Artikel verwendet.

La señora Enriqueta Sánchez es arquitecta. *Frau Enriqueta Sánchez ist Architektin.*
¿Cómo se encuentra hoy, señor Alonso? *Wie geht es Ihnen heute, Herr Alonso?*

❗ Es folgen noch ein paar Sonderfälle:
- ¿Es usted **la** señora Ramos? *Sind Sie Frau Ramos?*
- **Los** señores Zamora. *Herr und Frau Zamora.*

Alles klar? Dann sind jetzt die Übungen dran!

Übungen

Übung 1
Auf den folgenden Straßenschildern sind die Artikel nicht zu erkennen. Können Sie die fehlenden Artikel ergänzen?

a) .... estación de autobuses

b) .... jardines del Alcázar

c) .... Ayuntamiento

d) .... centro de la ciudad

e) .... Judería

f) .... ruinas de Itálica

g) .... Catedral

h) .... Torre del Oro

Übung 2

Die Reiseleiterin unterhält sich mit den Touristen. Helfen Sie ihr, wo nötig, die Artikel zu setzen.

a) .... señora Frascati, por favor, pase por aquí. La entrada al museo está aquí.

– Ah, muchas gracias.

b) Perdón, ... señora, ¿es usted .... señora Klein?

– Sí, ... señora.

c) ¿Y de dónde es .... señor Müller?

– Es de Hamburgo, en el norte de Alemania.

d) ¿En qué trabaja, ... señor Lautrec?

– Soy cocinero, trabajo en .... hotel.

– ¡Qué interesante!, y ¿en qué hotel?

– En .... Hotel Imperial en París.

e) ¿Son ustedes .... señores Menciewicz?

– Sí, somos nosotros.

f) ¿Tiene usted hijos, ... señor Brown?

– Sí, tengo dos. Mi hijo mayor tiene 21 años y estudia en .... Universidad de Cambridge. .... pequeño todavía está en .... colegio.

2 Adjektive
oder *Die perfekte Frau*

Hallo Carlos, ich bin in Sevilla; eine fantastische Stadt. Und die Reiseleiterin ist sehr nett ...

2.1 Formen des Adjektivs und Pluralbildung
oder *Anpassen heißt die Devise*

Ohne Adjektive keine Farbe, keine Bilder, keine Geschmäcker. Können Sie sich die Stadt Sevilla nur in Schwarz und Weiß vorstellen? Was für ein trostloser Anblick!

Fangen wir daher gleich mit den Formen an:

- Adjektive richten sich in Geschlecht und Zahl immer nach dem Substantiv, zu dem sie gehören. Im Spanischen enden die meisten Adjektive in der männlichen Form auf -o, in der weiblichen Form auf -a. Adjektive, die in der männlichen Form nicht auf -o enden, sind meistens unveränderlich. Manche Adjektive auf -e, -l und -n haben für beide Geschlechter nur eine Form.

Die Pluralbildung der Adjektive erfolgt wie bei den Substantiven:

- Adjektive, die auf einen Vokal enden, bilden den Plural auf -s.
- Adjektive, die auf einen Konsonanten enden, bilden den Plural auf -es.

	Maskulin	Feminin
Singular	un traje negr**o** *ein schwarzer Anzug*	una falda negr**a** *ein schwarzer Rock*
Plural	unos trajes negro**s** *ein paar schwarze Anzüge*	unas faldas negra**s** *ein paar schwarze Röcke*
Singular	un traje verd**e** *ein grüner Anzug*	una falda verd**e** *ein grüner Rock*
Plural	unos trajes verde**s** *ein paar grüne Anzüge*	unas faldas verde**s** *ein paar grüne Röcke*

	Maskulin	Feminin
Singular	un traje azu**l** *ein blauer Anzug*	una falda azu**l** *ein blauer Rock*
Plural	unos trajes azul**es** *ein paar blaue Anzüge*	unas faldas azul**es** *ein paar blaue Röcke*

Adjektive, die auf einen Konsonanten enden und die Nationalität beschreiben, bilden die weibliche Form, indem an die männliche Form -a, -as angehängt wird:

español	*Spanier*	española	*Spanierin*
alemán	*Deutscher*	alemana	*Deutsche*
francés	*Franzose*	francesa	*Französin*
inglés	*Engländer*	inglesa	*Engländerin*

❗ Es gibt aber Ausnahmen, bei denen die männliche und weibliche Form identisch sind. Hier einige Beispiele:

el/la belg**a**	*der Belgier/die Belgierin*
los/las belgas	*die Belgier/die Belgierinnen*
el/la hind**ú**	*der Hindu/die Hindu*
los/las hindúes	*die Hindus/die Hindus*
el/la árab**e**	*der Araber/die Araberin*
los/las árabes	*die Araber/die Araberinnen*
el/la israel**í**	*der Israeli/die Israeli(n)*
los/las israelíes	*die Israelis/die Israelis (Israelinnen)*

2.2 Stellung des Adjektivs oder *Davor oder dahinter?*

Adjektive stehen im Spanischen meist hinter dem Substantiv:

Sevilla es una ciudad **moderna.** *Sevilla ist eine moderne Stadt.*

Manchmal werden sie dem Substantiv auch vorangestellt. Auf diese Sonderfälle wollen wir etwas näher eingehen:

- mucho, poco, otro werden immer vorangestellt:

Hoy tengo mucho trabajo. *Heute habe ich viel Arbeit.*
Hay poca gente en el restaurante. *Es sind wenig Leute im Restaurant.*
No quiero otro periódico. *Ich will keine andere Zeitung.*

- Ordnungszahlen stehen sowohl vor als auch hinter dem Substantiv:

Tome la segunda calle a la derecha. *Nehmen Sie die zweite Straße rechts.*
Vivo en el piso segundo. *Ich wohne im zweiten Stock.*

- Im literarischen Sprachgebrauch werden Adjektive als Stilmittel vorangestellt:

¡Oh, fría nieve! *Oh, kalter Schnee!*

! Je nachdem, ob ein Adjektiv vor oder hinter einem Substantiv steht, kann es seine Bedeutung verändern:

un hombre pobre	*ein armer Mann* (ohne Geld)
un pobre hombre	*ein armer Mann* (bedauernswert)
un hombre grande	*ein großer Mann* (Statur)
un gran hombre	*ein großer Mann* (bedeutend)

2.3 **Abgekürzte Formen** oder *Kürzer geht's nicht*

Einige Adjektive verlieren vor männlichen Substantiven ihre Endung -o:

- bueno: buen *gut*
- malo: mal *schlecht*
- alguno: algún *irgendeine(r)*
- ninguno: ningún *keine(r)*
- primero: primer *erste(r)*
- tercero: tercer *dritte(r)*

Das Adjektiv grande verliert seine Endung sowohl vor männlichen als auch vor weiblichen Substantiven.

Montserrat Caballé es una **gran** cantante. *Montserrat Caballé ist eine große Sängerin.*

2.4 Steigerung des Adjektivs
oder *Schön, schöner, am schönsten*

Und wie hat Ihnen das Mittagessen geschmeckt? - Köstlich. Besonders der Wein ...

2.5 Vergleiche
oder *Über Geschmack lässt sich streiten*

Wie heißt es so schön auf Spanisch? En cuestión de gustos no hay nada escrito. *In Geschmacksfragen gibt es nichts Schriftliches*, d.h. *über Geschmack lässt sich streiten*. Deshalb sollten Sie im Falle eines Falles wissen, wie man das tut.

2.5.1 Gleichheit

Die beiden wichtigsten Konstruktionen, um im Spanischen die Gleichwertigkeit von Sachen oder Personen auszudrücken, sind tan ... como und igual de ... que.

Ella es **tan** interesante **como** su hermana./Ella es **igual de** interesante **que** su hermana. *Sie ist genauso interessant wie ihre Schwester.*

2.5.2 Komparativ

Im Spanischen können wir zwei verschiedene Gegenstände oder Personen mit más … que *mehr als* und menos … que *weniger als* vergleichen.

Las cifras de venta son **más** altas **que** las del año pasado. *Die Verkaufszahlen sind höher als die vom letzten Jahr.*
Este año hemos tenido **menos** pérdidas **que** el año anterior. *Dieses Jahr hatten wir weniger Verluste als im vergangenen Jahr.*

! Es gibt Adjektive wie bueno *gut* und malo *schlecht*, die eigene Steigerungsformen haben: mejor *besser* und peor *schlechter*. Bei grande *groß* und pequeño *klein* gibt es zwei gleichberechtigte Steigerungsformen: más grande/mayor *größer* und más pequeño/menor *kleiner*:

Este vino es **mejor** que el otro. *Dieser Wein ist besser als der andere.*
La primera película es **peor** que la segunda. *Der erste Film ist schlechter als der zweite.*
Mi habitación es **más grande/mayor** que la tuya. *Mein Zimmer ist größer als deines.*
Tu coche es **más pequeño/menor** que el de tu padre. *Dein Auto ist kleiner als das deines Vaters.*

! Mayor und menor werden hauptsächlich für Altersangaben verwendet.

Pedro es **mayor** que Pablo. *Pedro ist älter als Pablo.*
Ana es **menor** que Rosa. *Ana ist jünger als Rosa.*

2.5.3 Superlativ

Der Superlativ wird ganz einfach gebildet: Man setzt den bestimmten Artikel vor die Steigerungsform und – fertig!

Es **la** catedral **más alta** de España. *Das ist die höchste Kathedrale Spaniens.*
Es **la** ciudad **menos interesante** que he visto en mi vida. *Das ist die am wenigsten interessante Stadt, die ich je gesehen habe.*
Nuestro equipo es **el mejor.** *Unser Team ist das beste.*

Der absolute Superlativ auf -ísimo bezeichnet einen sehr hohen Grad einer Eigenschaft, der auf Deutsch mit *außerordentlich*, *höchst*, *sehr* u.ä. wiedergegeben wird.

Übungen

Übung 3
Herr Manolo Moreno und Frau Pepa Martínez, beide Bewohner eines alten Madrider Viertels, unterhalten sich über eine Bekannte, die wieder im Viertel ist. Füllen Sie die Lücken durch folgende Adjektive:

pequeña	inglés	atractiva	francés
azules	rubia	ninguna	tercer

a) ¿Sabes que Manuela, la hija .... de la señora Emilia, vive de nuevo en el barrio?

b) ¿Qué Manuela, Pepa? No conozco a .... Manuela.

c) Sí, hombre, una chica delgada que vivía en el .... piso de la calle de la Asunción.

d) ¿Aquella que se casó con un chico .... de Londres?

e) No. Se casó con un chico .... de París.

f) Pues no caigo. ¿Era morena o ....?

g) Morena y tiene los ojos ....

h) ¡Ya sé quién es! Una chica muy ...., Manuela.

Übung 4
Vergleichen Sie die angegebenen Gegenstände und Personen:

a) La catedral vieja es alta. La catedral nueva es muy alta.
b) La novela policíaca no es buena. La novela de aventuras es muy buena.
c) Sara trabaja bien. Ana trabaja muy bien.
d) Pedro es simpático. Roberto es simpático.
e) Ana es rubia. Elena es muy rubia.
f) El vino tinto es malo. El vino rosado es bueno.

3 Präsens und Gerund

oder *Ich bin gerade dabei ...*

Weißt du, was Elena jetzt macht? - Das Mädchen ist dabei, Karriere zu machen. Wenn ich das gewusst hätte!

Spricht man über die Gegenwart, wird auf Spanisch normalerweise das Präsens benutzt: ¿Hablas español? *Sprichst du Spanisch?* Elena trabaja en un restaurante. *Elena arbeitet in einem Restaurant.*
Wenn eine Handlung, die gerade vor sich geht, beschrieben wird, verwendet man das Gerund: Ella está trabajando ahora en un supermercado. *Sie arbeitet jetzt in einem Supermarkt.*

3.1 Präsens: regelmäßige und unregelmäßige Formen

oder *Keine Regel ohne Ausnahme*

Die spanischen Verben werden in drei Konjugationsgruppen unterteilt, je nach ihrer Infinitivendung auf -ar, -er oder -ir (trabaj-ar, beb-er, viv-ir). Die Endungen für die jeweilige Person und Konjugationsgruppe werden an den Verbstamm angehängt.

	Verben auf -ar **trabajar** *arbeiten*	**Verben auf -er** **beber** *trinken*	**Verben auf -ir** **vivir** *leben, wohnen*
yo	trabaj**o**	beb**o**	viv**o**
tú	trabaj**as**	beb**es**	viv**es**
él, ella, usted	trabaj**a**	beb**e**	viv**e**
nosotros, -as	trabaj**amos**	beb**emos**	viv**imos**
vosotros, -as	trabaj**áis**	beb**éis**	viv**ís**
ellos, -as, ustedes	trabaj**an**	beb**en**	viv**en**

3.1.1 Gruppe e → ie

Auch die unregelmäßigen Verben lassen sich im Präsens in Gruppen einteilen. In der Gruppe e → ie wird bei einigen Personen das e der Stammsilbe zu ie.

	cerrar *schließen*	**entender** *verstehen*	**preferir** *bevorzugen*
yo	c**ie**rro	ent**ie**ndo	pref**ie**ro
tú	c**ie**rras	ent**ie**ndes	pref**ie**res
él, ella, usted	c**ie**rra	ent**ie**nde	pref**ie**re
nosotros, -as	cerramos	entendemos	preferimos
vosotros, -as	cerráis	entendéis	preferís
ellos, -as, ustedes	c**ie**rran	ent**ie**nden	pref**ie**ren

Weitere wichtige Verben dieser Gruppe:
pensar *denken* – empezar *anfangen* – querer *wollen* – sentir *fühlen*

3.1.2 Gruppe o → ue

Auch in dieser Gruppe verändern sich die Formen des Singulars und der 3. Person Plural. Diesmal wird das o zu ue.

	volar *fliegen*	**poder** *können*	**dormir** *schlafen*
yo	vuelo	puedo	duermo
tú	vuelas	puedes	duermes
él, ella, usted	vuela	puede	duerme
nosotros, -as	volamos	podemos	dormimos
vosotros, -as	voláis	podéis	dormís
ellos, -as, ustedes	vuelan	pueden	duermen

Weitere wichtige Verben dieser Gruppe:
acostarse *zu Bett gehen* – contar *zählen, erzählen* – costar *kosten*

3.1.3 Gruppe e → i

In den stammbetonten Formen wird e zu i.

	pedir *bitten, bestellen*	**servir** *dienen, bedienen*
yo	pido	sirvo
tú	pides	sirves
él, ella, usted	pide	sirve
nosotros, -as	pedimos	servimos
vosotros, -as	pedís	servís
ellos, -as, ustedes	piden	sirven

Weitere wichtige Verben dieser Gruppe:
servir *dienen, bedienen* – repetir *wiederholen* – vestirse *sich anziehen* – seguir *folgen* – reírse (de) *lachen (über)*

3.1.4 Gruppe mit –g– in der Ich-Form

	poner *stellen*	**hacer** *machen*	**salir** *hinausgehen*	**valer** *wert sein*
yo	pon**g**o	ha**g**o	sal**g**o	val**g**o
tú	pones	haces	sales	vales
él, ella, usted	pone	hace	sale	vale
nosotros, -as	ponemos	hacemos	salimos	valemos
vosotros, -as	ponéis	hacéis	salís	valéis
ellos, -as, ustedes	ponen	hacen	salen	valen

3.1.5 Gruppe mit –g– in der Ich-Form und Veränderung e → ie

	tener *haben*	**venir** *(her)kommen*
yo	ten**g**o	ven**g**o
tú	t**ie**nes	v**ie**nes
él, ella, usted	t**ie**ne	v**ie**ne
nosotros, -as	tenemos	venimos
vosotros, -as	tenéis	venís
ellos, -as, ustedes	t**ie**nen	v**ie**nen

3.1.6 Gruppe mit der Veränderung -c- → -zc-

In der Ich-Form erhalten diese Verben ein z vor dem c.

	conocer *kennen(lernen)*	**parecer** *scheinen*
yo	cono**zc**o	pare**zc**o
tú	conoces	pareces
él, ella, usted	conoce	parece
nosotros, -as	conocemos	parecemos
vosotros, -as	conocéis	parecéis
ellos, -as, ustedes	conocen	parecen

Weitere wichtige Verben dieser Gruppe:
parecer *scheinen* – ofrecer *anbieten, geben* – nacer *geboren werden, entstehen* – traducir *übersetzen*

3.2 Gebrauch des Präsens
oder *Zwischen Vergangenheit und Zukunft*

Das Präsens wird in den folgenden Situationen verwendet:
- um über Tatsachen zu informieren:

El portavoz del Gobierno **se llama** Llanos. *Der Regierungssprecher heißt Llanos.*
Salamanca **es** una ciudad en el oeste de España. *Salamanca ist eine Stadt im Westen Spaniens.*

- um über Handlungen und Ereignisse, die in der Gegenwart stattfinden, zu berichten:

Pedro **trabaja** de profesor en un colegio. *Pedro arbeitet als Lehrer in einer Schule.*

- um nahe zukünftige Tatsachen zu beschreiben:

Mañana **vamos** al cine. *Morgen gehen wir ins Kino.*

- um regelmäßig wiederkehrende Handlungen und allgemeine Sachverhalte wiederzugeben:

Siempre **comemos** a las tres de la tarde. *Wir essen immer um drei Uhr zu Mittag.*

3.3 Formen des Gerunds oder *Spielend lernen*

Verglichen mit dem Präsens ist das Gerund ein Kinderspiel, denn es kennt nur zwei Endungen: -ando und -iendo. Das Gerund wird gebildet, indem man diese Endungen an den Verbstamm anhängt. Das geht so:

trabajar *arbeiten*	**beber** *trinken*	**vivir** *leben, wohnen*
trabaj**ando**	beb**iendo**	viv**iendo**

Natürlich gibt's auch hier ein paar Unregelmäßigkeiten:

e → i	**o → u**	**-iendo → -yendo**
pedir = **pidiendo**	poder = **pudiendo**	ir = **yendo**
venir = **viniendo**	dormir = **durmiendo**	leer = **leyendo**
decir = **diciendo**		creer = **creyendo**

3.4 Gebrauch des Gerunds
oder *Wenn man hart arbeitet …*

Mit dem Gerund werden Handlungen beschrieben,

- die gerade stattfinden:

El tren **está llegando.** *Der Zug kommt gerade an.*

! Das Gerund kann man auch ohne das Verb estar verwenden. Es wird dann im Deutschen in der Regel durch einen Nebensatz wiedergegeben.

Trabajando duro se consigue todo. *Wenn man hart arbeitet, kann man alles erreichen.*

- die eine Dauer oder Fortsetzung ausdrücken:

España **sigue viviendo** un buen momento. *Spanien erlebt weiter eine gute Zeit.*

- die gleichzeitig verlaufen:

Entró en la oficina **cantando.** *Er trat ins Büro und sang dabei.*

- die in der Gegenwart Ungeduld oder Irritation ausdrücken:

¡Ya **estás leyendo** otra vez! *Du bist schon wieder am Lesen!*

❗ Die Personalpronomen stehen entweder vor dem konjugierten Verb oder sie werden an das Gerund angehängt. In diesem Fall bekommt das Gerund einen Akzent:

La enferma **se está recuperando**./La enferma **está recuperándose.** *Die kranke Frau erholt sich.*

3.5 Handlungen in der Gegenwart beschreiben oder *Gewöhnlich tue ich nichts*

- Präsens des Verbs soler + Infinitiv

Los martes por las mañanas **suelo ir** a nadar.
Dienstagmorgens gehe ich gewöhnlich schwimmen.

- generalmente/habitualmente + Präsens

Generalmente no como carne, pero no soy vegetariana.
Ich esse in der Regel kein Fleisch, aber ich bin nicht Vegetarierin.

Übung 5
Ergänzen Sie die Lücken durch die richtige Verbform. Wenn Sie diesen Test erfolgreich abschließen, sind Sie auf dem besten Weg zum Spanisch-Profi!

● Perdone, estamos haciendo un reportaje sobre el turismo en España. ¿Nos permite hacerle unas preguntas?

■ ¿Yo? Bueno, no sé. Mi español no es muy bueno.

● ¿De dónde es usted?

Übungen

- ■ Soy de Alemania y (vivir) .... en un pueblo en el sur de Baviera.
- ● ¿Y qué le parecen los españoles?
- ■ (opinar) .... que los españoles (vivir) .... mejor que nosotros los alemanes. Yo por ejemplo (trabajar) .... en Alemania durante todo el día, apenas (tener) .... tiempo para poder ir a comer, o para ver a mis amigos.
- ● ¿(Creer) .... usted que los españoles (trabajar) .... poco?
- ■ No, no. Al contrario, (pensar) .... que saben organizarse mejor. Ellos (poder) .... combinar mejor la vida privada con la vida profesional.
- ● ¿Qué piensa sobre la comida española?
- ■ ¡Oh! Las tapas son deliciosas. Siempre (pedir) .... un par de ellas. Es una idea estupenda.

Übung 6
Schreiben Sie auf, was folgende Personen gerade tun.

a) Eine Frau beim Lesen eines Krimis.
b) Ein Mann beim Einkaufen.
c) Ein Paar beim Tennisspielen.
d) Zwei Jugendliche beim Fernsehen (Fußball).
e) Eine Frau beim Schminken.
f) Ein Mann beim Paellakochen.

a) Sandra .... una novela policíaca.

b) Jorge .... en el supermercado.

c) Andrea y Simón .... un partido de tenis.

d) Alberto y Carlos .... en la televisión un partido de fútbol.

e) Ana se ....

f) Roberto .... una paella.

Übung 7
Setzen Sie das passende Verb ein.

piensas vas aprende comenzamos cuento

a) ¿A dónde ....?

b) Ya sé en quién ....

c) La niña .... a leer.

d) ¿Cuándo .... a trabajar?

e) Oye, ... contigo, no lo olvides.

4 Ser, estar und hay

oder *Über Sein und Existenz sprechen*

Sein oder Nichtsein! - Das ist die Frage!

Es geht hier zwar nicht um Philosophie, aber durchaus um Sein und Nichtsein: Angaben über Beruf, persönliche Daten, Beschreibungen von Orten, Sachen und Personen werden auf Deutsch mit dem Verb *sein* ausgedrückt. Im Spanischen gibt es dafür zwei verschiedene Verben, ser und estar. Und als ob das nicht genug wäre, kommt auch noch die unpersönliche Form hay ins Spiel. Das kommt Ihnen Spanisch vor?

4.1 Formen der Verben ser und estar
oder *Ich bin, du bist …*

	estar *sich befinden, liegen, sitzen, stehen, sein*	**ser** *sein*
yo	estoy	soy
tú	estás	eres
él, ella, usted	está	es
nosotros, -as	estamos	somos
vosotros, -as	estáis	sois
ellos, -as, ustedes	están	son

4.2 Gebrauch von ser und estar
oder *Sein ist nicht Sein*

Normalerweise drückt man mit estar vorübergehende Handlungen und Zustände aus; ser dagegen verwendet man für alles, was dauerhaft ist.

ser wird verwendet

- zur Angabe von Herkunft, Nationalität und Religion:

Ana **es** de Buenos Aires. *Ana ist aus Buenos Aires.*

- für Berufsangaben:

Soy secretaria de dirección. *Ich bin Chefsekretärin.*

- zur Beschreibung äußerer Merkmale und Charaktereigenschaften:

Ella **es** rubia. *Sie ist blond.*

- für Zustandsbeschreibungen:

Es una oficina soleada. *Es ist ein helles Büro.*

- zur Äußerung subjektiver Meinungen:

¡**Es** increíble! ¡No me lo puedo creer! *Es ist unglaublich! Ich kann es nicht fassen!*

- in Definitionen:

Sevilla **es** una ciudad andaluza. *Sevilla ist eine andalusische Stadt.*

- zur Angabe von Tag und Uhrzeit:

Hoy **es** martes. *Heute ist Dienstag.*
Son las dos. *Es ist zwei Uhr.*

- mit der Präposition de zur Angabe des Besitzes und des Stoffes:

Este libro **es de** Pedro. *Dieses Buch gehört Pedro.*
El vestido **es de** lana. *Das Kleid ist aus Wolle.*

- zur Zahlenangabe:

¿Cuántas rosas **son**? **Son** quince. *Wie viele Rosen sind es? Es sind fünfzehn.*

estar wird verwendet

- für Ortsangaben:

Estoy de viaje de negocios en Madrid. *Ich bin in Madrid auf Geschäftsreise.*

- zur Beschreibung des persönlichen Befindens:

Hoy estoy fatal. *Heute fühle ich mich schrecklich.*

- zur Beschreibung eines vorübergehenden Zustandes:

Estoy enfermo desde hace dos días. *Ich bin seit zwei Tagen krank.*

- zur Bewertung (von Speisen und Getränken):

La paella **está** fantástica. *Die Paella schmeckt fantastisch.*

- zur Angabe des Familienstandes:

Estoy casado. *Ich bin verheiratet.*

- zur Angabe von An- oder Abwesenheit:

El Sr. Ortega no **está**. *Herr Ortega ist nicht da.*

! Mit ser + Adjektiv werden dauerhafte und wesentliche Eigenschaften beschrieben, estar + Adjektiv drückt dagegen Gefühle und Befinden aus.
Es gibt Adjektive, die nur mit ser vorkommen: inteligente *intelligent*, responsable *verantwortungsvoll*, trabajador *fleißig*, aplicado *strebsam*, und solche, die nur mit estar vorkommen: ocupado *beschäftigt*, enfermo *krank*, preocupado *besorgt*, contento *zufrieden*. Manche Adjektive verändern ihre Bedeutung, je nachdem, ob sie mit ser oder mit estar verwendet werden. Hier ist besondere Vorsicht geboten!

ser aburrido	estar aburrido
langweilig sein	*sich langweilen*
ser cansado	estar cansado
anstrengend sein	*müde sein*
ser listo	estar listo
schlau sein	*fertig sein*
ser libre	estar libre
frei sein	*nicht besetzt sein*
ser abierto	estar abierto
offen, aufgeschlossen sein	*offen, geöffnet sein*
ser cerrado	estar cerrado
verschlossen, zugeknöpft sein	*geschlossen sein*

4.3 **Die unpersönliche Verbform hay** oder *Es gibt*

Wo geht es hier nach Ponferrada? - Immer geradeaus ... - Und gibt es dort auch ein gutes Restaurant?

Wir haben gelernt, dass estar *sich befinden*, *irgendwo sein*, *liegen* oder *stehen* bedeuten kann. Es gibt jedoch noch eine andere Verbform, um die Position einer Person oder eines Gegenstandes im Raum zu beschreiben: hay, die unpersönliche Präsensform des Hilfsverbs haber *haben*. Hay bleibt im Präsens immer unverändert und bedeutet *es gibt*, *da ist*, *da sind*. In allen anderen Zeiten deckt sich diese Form mit der 3. Person Singular: había, hubo, ha habido, habrá, habría, ha habido, haya, hubiera/-ese.

4.4 Gebrauch von estar und hay
oder *Es ist und es gibt*

Hay wird verwendet, wenn der Sprecher einen Gegenstand oder eine Person einführen will, der bzw. die noch nicht genannt wurde:

Perdone, por favor, ¿sabe dónde **hay** un restaurante por aquí cerca? *Entschuldigen Sie bitte, wissen Sie, wo es hier in der Nähe ein Restaurant gibt?*

Estar wird verwendet, wenn der Sprecher auf etwas bereits Bekanntes Bezug nimmt:

¿Dónde **está** la iglesia de San Antonio, por favor? *Wo befindet sich die Kirche San Antonio, bitte?*

- mit den bestimmten Artikeln el, la, los, las:

La iglesia **está** cerca de la Plaza Mayor. *Die Kirche befindet sich in der Nähe der Plaza Mayor.*

- mit den Personalpronomen: yo, tú, él, ella usw.:

(Yo) **estoy** en el bar de la esquina. *Ich bin in der Bar an der Ecke.*

- mit den Demonstrativprononomen: este, esta, ese, esa, aquel, aquella:

Ese libro **está** encima de la mesa. *Dieses Buch befindet sich auf dem Tisch.*

- mit den Possessivpronomen: mi, tu, su usw.:

Mi casa **está** cerca del mar. *Mein Haus liegt unweit vom Meer.*

Hay wird verwendet:

- mit den unbestimmten Artikeln: un, una, unos, unas:

En la ciudad **hay** sólo un museo. *In der Stadt gibt es nur ein Museum.*

- mit Zahlen:

En Salamanca **hay** dos catedrales. *In Salamanca gibt es zwei Kathedralen.*

- mit Sammelbezeichnungen wie gente *Leute*, agua *Wasser*:

En la playa **hay** mucha gente. *Am Strand sind viele Leute.*

- mit den Indefinitpronomen mucho, poco, nada, todo, alguien, nadie, ninguno, otro:

En verano **hay** muy poca gente en Madrid. *Im Sommer sind nur wenig Leute in Madrid.*

Übung 8

Nach vergeblichen Versuchen, eine passende Frau zu finden, entscheidet sich Juan Alonso für eine Heiratsanzeige. Setzen Sie die richtige Form von ser oder estar ein:

Yo .... una persona un poco tímida y no me gusta ser el centro de atención. Mi madre dice que .... demasiado callado y que eso no .... bueno, pero yo creo que ella .... muy exagerada. Los libros .... mi pasión. Los que más me gustan .... los libros de aventuras. Mi biblioteca .... llena de ellos. Mi mejor amigo .... José. Con él recorro toda España en busca de nuevos autores. Esta semana .... en Madrid. ¿Y tú?

Übung 9

Unsere Touristengruppe hat sich verfahren. Helfen Sie ihr weiter! Kreuzen Sie die passende Antwort an.

a) Por favor, ¿dónde está la Plaza de las Mercedes?

1. Déjeme pensar. Sí, la Plaza está a la derecha del Teatro Nacional. ☐
2. En la Plaza hay una fuente barroca. ☐
3. Lo siento. No vivo en esa plaza. ☐

b) ¿Hay una oficina de turismo por aquí cerca, por favor?

1. Aqui no hay restaurantes. ☐
2. Pues no lo sé. Pregunte a un guardia. ☐
3. No, la próxima parada de autobuses está a tres kilómetros. ☐

c) ¿Dónde hay una cabina de teléfono, por favor?

1. Sí, tienes razón. ¿Qué te parece si hacemos una excursión en tren? ☐
2. Ahí mismo, enfrente de la Catedral. ☐
3. ¿Cuánto tiempo tardaremos en llegar? ☐

Übung 10

Vervollständigen Sie die Sätze mit ser, estar oder hay.

a) Lola y Lisa .... buenas amigas y siempre .... juntas.

b) ¿Por qué no .... el jefe? ¿No .... nadie en la oficina?

c) ¡Uf! .... demasiado tarde, Correos ya .... cerrado.

d) Alfredo .... muy orgulloso porque ya .... médico.

e) Hoy .... jueves y .... (nosotros) a 20.

Übung 11

Wählen Sie in diesem Text das richtige Verb aus.

a) En Nicaragua hay / está un lago muy grande y allí hay / está la isla de Ometepe. b) Es / Está una isla de 276 km² en la que hay / están un paisaje fantástico. c) La isla es / está dividida en dos partes y en cada una hay / está un volcán. d) Las partes hay / están unidas por una estrecha franja de tierra. e) Si eres / estás en el avión, la isla es / está como un "8" por su forma. f) En el norte hay / está el volcán activo "Concepción" y en el sur hay / está el "Maderas". g) En el cráter de este último hay / está una laguna.

Übung 12

Vervollständigen Sie die Sätze mit ser, estar oder hay.

a) Perdone, ¿............................ usted el señor García?

b) ¿............................ alguna farmacia por aquí cerca? Necesito aspirinas.

c) Este jersey me encanta. ¿ .... de algodón o de lana?

d) Mi padre .... jubilado desde la semana pasada.

e) (am Telefon) – ¿Diga? – ¿............................ Enrique?

.... María.

f) Creo que no .... otra solución para esta crisis.

5 Vergangenheit

oder *Das waren noch Zeiten*

Während das Deutsche nur drei Vergangenheitsformen kennt – Perfekt, Imperfekt und Plusquamperfekt – ist in der spanischen Sprache eine weitere Zeit sehr gebräuchlich: das Indefinido. Im Gegensatz zum Deutschen gibt es im Spanischen zudem strenge Regeln für den Gebrauch der grammatikalischen Zeiten.

Hast du keine Gebrauchsanweisung bekommen?

5.1 Perfekt

oder *Vergangen, aber nicht ganz*

Das Perfekt steht für abgeschlossene Handlungen, die eng mit der Gegenwart verknüpft sind.

5.1.1 Formen des Perfekts

Das Perfekt wird mit dem Präsens des Hilfsverbs haber und dem Partizip Perfekt des Vollverbs gebildet.

		trabajar *arbeiten*	beber *trinken*	vivir *leben, wohnen*
yo	he	trabaj**ado**	beb**ido**	viv**ido**
tú	has	trabaj**ado**	beb**ido**	viv**ido**
él, ella, usted	ha	trabaj**ado**	beb**ido**	viv**ido**
nosotros, -as	hemos	trabaj**ado**	beb**ido**	viv**ido**
vosotros, -as	habéis	trabaj**ado**	beb**ido**	viv**ido**
ellos, -as, ustedes	han	trabaj**ado**	beb**ido**	viv**ido**

Das Partizip Perfekt endet im Spanischen normalerweise auf -ado (Verben der ersten Konjugation) oder auf -ido (Verben der zweiten und dritten Konjugation). Es kann auch wie ein Adjektiv verwendet werden und richtet sich dann in Geschlecht und Zahl nach dem Substantiv, auf das es sich bezieht.

Manche Verben bilden das Partizip Perfekt unregelmäßig:

abrir *öffnen*	**decir** *sagen*	**escribir** *schreiben*	**romper** *kaputt machen*	**hacer** *machen*
abierto	**dicho**	**escrito**	**roto**	**hecho**

morir *sterben*	**poner** *(hin)tun, (hin)stellen*	**ser** *sein*	**ver** *sehen*	**volver** *(um)drehen, (um)kehren*
muerto	**puesto**	**sido**	**visto**	**vuelto**

! Das Partizip steht häufig in Verbindung mit dem Verb estar und drückt das Ergebnis einer Handlung aus:

El vestido **está roto.** *Das Kleid ist zerrissen.*

5.1.2 Gebrauch des Perfekts

Das Perfekt wird verwendet:

- für Handlungen, die in einem Zeitraum stattgefunden haben, der mit der Gegenwart in Verbindung steht. Signalwörter sind häufig hoy, esta mañana, esta semana, este mes, este año usw.:

¿**Has terminado** este año tus estudios? *Hast du dieses Jahr dein Studium beendet?*

- für Geschehnisse, die kürzlich stattgefunden haben:

¿Qué **has hecho** hoy? Hoy **he visitado** el Museo del Prado. *Was hast du heute gemacht? Ich habe heute den Prado besucht.*

- für Handlungen in der Vergangenheit, deren Folgen für die Gegenwart unmittelbar von Bedeutung sind:

Hoy tienes mal aspecto. ¿Te pasa algo? *Du siehst heute nicht gut aus. Hast du was?*
Mi padre **ha muerto** hace unos días. *Mein Vater ist vor ein paar Tagen gestorben.*

- wenn der Sprecher sich nach etwas erkundigen will, ohne genau zu wissen, wann es stattgefunden hat:

¿**Has estado** alguna vez en Latinoamérica? *Bist du jemals in Lateinamerika gewesen?*

Übung 13
Schreiben Sie die Form des Perfekts in der angegebenen Person.

a) empezar, yo – ....

b) venir, él – ....

c) pedir, ellos – ....

d) ver, vosotros – ....

e) terminar, tú – ....

f) abrir, ella – ....

Übung 14
Setzen Sie die angegebenen Verben ins Perfekt!

a) ■ ¿(Estar, vosotros) .... hoy en Teotihuacán?

b) ● Sí, (visitar, nosotros) .... las ruinas; (recorrer) .... las avenidas y (ver) .... muchas cosas interesantes.

c) ■ ¿(Subir, vosotros) .... a las pirámides?

d) ● Yo solo lo (intentar) .... con la de la luna, pero la del sol (ser) .... demasiado para mí. ¡Pero los chicos no (dejar) .... ninguna sin explorar!

5.2 Indefinido
oder *Vergangen und vorbei*

Wie es dir im Leben ergangen? - Genial, ich war im Ausland. - Und jetzt sind wir beide mutterseelenallein.

Das Indefinido ist einer der Stolpersteine der spanischen Sprache. Aber mit ein paar Regeln und etwas Übung kriegen wir das schon hin!

! Das Indefinido bezeichnet eine abgeschlossene Handlung in der Vergangenheit.

5.2.1 Formen des Indefinido

	trabajar *arbeiten*	**beber** *trinken*	**vivir** *leben, wohnen*
yo	trabaj**é**	beb**í**	viv**í**
tú	trabaj**aste**	beb**iste**	viv**iste**
él, ella, usted	trabaj**ó**	beb**ió**	viv**ió**
nosotros, -as	trabaj**amos**	beb**imos**	viv**imos**
vosotros, -as	trabaj**asteis**	beb**isteis**	viv**isteis**
ellos, -as, ustedes	trabaj**aron**	beb**ieron**	viv**ieron**

Unregelmäßige Indefinido-Formen:

	estar *sein*	**tener** *haben*	**poner** *(hin)legen, (hin)stellen*
yo	estuv**e**	tuv**e**	pus**e**
tú	estuv**iste**	tuv**iste**	pus**iste**
él, ella, usted	estuv**o**	tuv**o**	pus**o**
nosotros, -as	estuv**imos**	tuv**imos**	pus**imos**
vosotros, -as	estuv**isteis**	tuv**isteis**	pus**isteis**
ellos, -as, ustedes	estuv**ieron**	tuv**ieron**	pus**ieron**

	poder *können*	**hacer** *machen*	**ir/ser** *gehen/sein*
yo	pud**e**	hic**e**	**fui**
tú	pud**iste**	hic**iste**	fu**iste**
él, ella, usted	pud**o**	hiz**o**	**fue**
nosotros, -as	pud**imos**	hic**imos**	fu**imos**
vosotros, -as	pud**isteis**	hic**isteis**	fu**isteis**
ellos, -as, ustedes	pud**ieron**	hic**ieron**	**fueron**

5.2.2 Gebrauch des Indefinido

Das Indefinido wird verwendet:
- für punktuelle Handlungen in der Vergangenheit:

Llegué a casa a las tres de la mañana. *Ich kam um drei Uhr morgens nach Hause.*

- für eine abgeschlossene Handlung in der Vergangenheit, die ohne Bezug zur Gegenwart ist. Das Indefinido steht in Verbindung mit Zeitangaben wie ayer *gestern*, anteayer *vorgestern*, anoche *letzte Nacht*, la semana pasada *letzte Woche*, el año pasado *letztes Jahr* oder Jahreszahlen:

En 1998 **visité** los Estados Unidos por primera vez. *Ich besuchte die Vereinigten Staaten 1998 zum ersten Mal.*

- für eine abgeschlossene Folge von Handlungen oder Ereignissen:

Ayer, a las cinco de la mañana, **me levanté** de la cama, **me duché** y **me fui** al trabajo. *Gestern um 5 Uhr früh stand ich auf, duschte und ging zur Arbeit.*

Übungen

Übung 15

Schreiben Sie die Form des Indefinido in der angegebenen Person.

	1. Person Sg.	3. Person Sg.
a) comer	....	....
b) tener	....	....
c) mirar	....	....
d) poner	....	....
e) venir	....	....
f) leer	....	....
g) reírse	....	....
h) estar	....	....
i) poder	....	....

Übung 16

Setzen Sie die Verben in Klammern ins Indefinido.

a) Rafa Nadal (nacer) .... el 3 de junio de 1986. b) Su tío le (empezar) .... a enseñar a jugar al tenis y luego (volverse) .... su entrenador. c) Pronto, Rafa (hacerse) .... tenista profesional y (dejar) .... el colegio, lo que no le (gustar) .... a su madre.

d) En 2002 (ganar) .... su primer partido internacional. e) En 2003 (tener) .... problemas de salud, pero los (superar) .... y en los años siguientes (seguir) .... su carrera.

f) En 2008 Nadal (convertirse) .... en el jugador número 1 a nivel mundial.

5.2.3 Perfekt und Indefinido im Vergleich

Grau ist bekanntlich alle Theorie und grün des Lebens goldner Baum: Regeln lernen ist etwas ganz anderes als Regeln anwenden. Mit den folgenden Beispielen wollen wir Ihnen die Wahl zwischen Perfekt und Indefinido etwas erleichtern.

Ana Martínez ist fertig mit ihrer Prüfung. Sie erzählt einer Freundin davon:

¡Por fin **terminé** los exámenes de la oposición! Ya es hora de que me tome unas vacaciones. *Endlich habe ich die Prüfungen für den öffentlichen Dienst hinter mir. Nun ist es an der Zeit, dass ich mir etwas Urlaub nehme.*

Für Ana ist die Prüfungszeit vorbei. Das Ereignis wird als abgeschlossen empfunden und dargestellt.
Auch Eduardo ist mit seiner Prüfung fertig. Auf dem Heimweg erzählt er einem Freund davon:

¡Hoy **he hecho** por fin los exámenes de la oposición! Me han salido estupendamente. *Heute habe ich endlich meine Prüfungen für den öffentlichen Dienst gemacht. Sie sind mir ausgezeichnet gelungen.*

Für Eduardo hat die Prüfung noch einen direkten Bezug zur Gegenwart. Im zweiten Satz klingen die Hoffnungen an, die er an eine bestandene Prüfung knüpft. Beim Perfekt wird die Auswirkung der Handlung oder des Ereignisses auf die Gegenwart hervorgehoben.

! Die Entscheidung für die eine oder die andere Zeit hängt häufig von der Intention des Sprechers ab.

5.3 Imperfekt
oder *Es war einmal …*

Es war einmal eine sehr schöne Frau ... - Den stellen wir ein.
Er ist das reinste Schlafmittel für die Kinder!

Geschichten und Märchen werden im Spanischen im Imperfekt erzählt. Es bezeichnet einen Zustand, einen Vorgang oder eine Handlung in der Vergangenheit, ohne deren Beginn und Ende zu kennzeichnen.

5.3.1 Formen des Imperfekts

	trabajar *arbeiten*	**beber** *trinken*	**vivir** *leben, wohnen*
yo	trabaj**aba**	beb**ía**	viv**ía**
tú	trabaj**abas**	beb**ías**	viv**ías**
él, ella, usted	trabaj**aba**	beb**ía**	viv**ía**
nosotros, -as	trabaj**ábamos**	beb**íamos**	viv**íamos**
vosotros, -as	trabaj**abais**	beb**íais**	viv**íais**
ellos, -as, ustedes	trabaj**aban**	beb**ían**	viv**ían**

Unregelmäßige Formen:

	ser *sein*	**ir** *gehen*	**ver** *sehen*
yo	**era**	**iba**	**veía**
tú	**eras**	**ibas**	**veías**
él, ella, usted	**era**	**iba**	**veía**
nosotros, -as	**éramos**	**íbamos**	**veíamos**
vosotros, -as	**erais**	**ibais**	**veíais**
ellos, -as, ustedes	**eran**	**iban**	**veían**

5.3.2 Gebrauch des Imperfekts

Das Imperfekt wird verwendet:

- für sich regelmäßig wiederholende Handlungen oder Situationen in der Vergangenheit:

En mi época de estudiante **llegaba** a casa todas las noches a las tres de la mañana. *In meiner Studienzeit kam ich jede Nacht um drei Uhr morgens nach Hause.*

- für eine Handlung, die im Gange war, als eine andere eintrat. Die einsetzende Handlung steht im Indefinido:

María **leía** un libro cuando **llegué** a casa. *María las ein Buch, als ich nach Hause kam.*

- um zu beschreiben, wie jemand oder etwas war bzw. aussah:

El ladrón **era** alto, **tenía** el pelo castaño y **llevaba** una camisa roja. *Der Dieb war groß, hatte braunes Haar und trug ein rotes Hemd.*

- für parallel verlaufende und nicht abgeschlossene Handlungen in der Vergangenheit:

Ellos **visitaban** el museo mientras nosotros **esperábamos** en el restaurante. *Sie besuchten das Museum, während wir im Restaurant warteten.*

5.3.3 Indefinido und Imperfekt im Vergleich

Die folgenden Beispiele verdeutlichen Unterschiede im Gebrauch von Indefinido und Imperfekt.

Salía yo de la Universidad cuando me **encontré** con Ana y Juan. *Ich verließ die Universität, als ich Ana und Juan traf.*

- Mit dem Imperfekt wird die erste Handlung in ihrem Verlauf dargestellt. Das Indefinido beschreibt die einsetzende Handlung.

Ana **era** una compañera de la universidad. Nos **conocimos** en 2001 en una clase de literatura francesa. A Juan lo **conocía** del colegio. *Ana war eine Studienkollegin. Wir lernten uns 2001 bei einer Vorlesung über französische Literatur kennen. Juan kannte ich schon aus der Schule.*

- Bei einigen Verben ändert sich die Bedeutung, je nachdem, ob man Indefinido oder Imperfekt verwendet:

la conocí: *ich lernte sie kennen*
la conocía: *ich kannte sie schon*
lo supe: *ich erfuhr es*
lo sabía: *ich wusste es*

Übung 17
Setzen Sie die blau gedruckten Verben ins Imperfekt.

a) Antes .... en un pueblo, ahora vivimos en la ciudad.

b) De niño .... al colegio, ahora voy a la oficina.

c) En esa época .... jugar, ahora me gusta descansar.

d) Antes mi hermano .... la habitación conmigo, ahora la comparte con su mujer.

Übung 18
Setzen Sie die richtige Form des Imperfekts ein.

a) ■ ¿Cómo .... (ser) la fábrica antes?

● Muy diferente. .... (Haber) más empleados y menos máquinas, muchas cosas las .... (hacer) nosotros mismos porque no .... (existir) los robots.

b) ■ ¿Te .... (gustar) más que ahora?

● A mí sí, porque .... (tener, yo) contacto con mis colegas. Pero claro, las fábricas .... (producir) mucho menos que hoy, y no .... (haber) tanta competencia de los países asiáticos.

5.4 Plusquamperfekt
oder *Es ist schon lange her*

Das Plusquamperfekt wird mit der Imperfektform von haber und dem Partizip gebildet.

5.4.1 Formen des Plusquamperfekts

		trabajar *arbeiten*	**beber** *trinken*	**vivir** *leben, wohnen*
yo	**había**	trabaj**ado**	beb**ido**	viv**ido**
tú	**habías**	trabaj**ado**	beb**ido**	viv**ido**
él, ella, usted	**había**	trabaj**ado**	beb**ido**	viv**ido**
nosotros, -as	**habíamos**	trabaj**ado**	beb**ido**	viv**ido**
vosotros, -as	**habíais**	trabaj**ado**	beb**ido**	viv**ido**
ellos, -as, ustedes	**habían**	trabaj**ado**	beb**ido**	viv**ido**

5.4.2 Gebrauch des Plusquamperfekts

Mit dem Plusquamperfekt, auch vollendete Vergangenheit genannt, beschreibt man eine Handlung, die vor einer anderen schon vergangenen Handlung stattgefunden hat.

Esperé al tren unos minutos más, pero ya **había salido.** *Ich wartete noch einige Minuten auf den Zug, aber der war schon abgefahren.*

Übung 19

Hier gilt es, im folgenden Zeitungsartikel die Lücken richtig zu füllen: Perfekt, Indefinido oder Imperfekt?

Robo en el Banco Central

La pasada noche (tener) .... lugar un robo en el Banco Central. Los ladrones (entrar) .... por la puerta trasera del banco y (conseguir) .... acceder a la zona de alta seguridad de éste. La sucursal (estar) .... en esos momentos vacía, por lo cual los ladrones (tener) .... mucho tiempo para realizar su hazaña. El director del banco (comentar) .... el suceso en la prensa local: “Estamos muy decepcionados. Las medidas de seguridad por lo visto no (mostrar) .... ninguna efectividad. Es una catástrofe para nuestro banco”.

Übung 20

Stellen Sie sich folgende Situation vor: Sie sind zum ersten Mal auf dem Flughafen von Madrid angekommen. Die Person, die Sie abholen sollte, ist nicht da. Sie versuchen, auf eigene Faust in die Stadt zu fahren

und fragen eine andere Reisende nach dem Weg. Folgender Dialog findet statt:

- Hola perdone. ¿Es usted de Madrid?
- Sí, ¿en qué puedo servirle?
- Mire. Me gustaría ir a la Calle de la Alameda. Y no sé cómo ir.
- ¿La Calle de la Alameda? ¿Tiene usted un plano a mano?
- Sí, mire. La calle está en el centro.
- Ah sí. Pues primero lo mejor es que tome el autobús que va al centro de la ciudad. Después tiene que coger esta línea de metro, y después la otra y después la otra.
- ¿No cree que es un poco complicado?
- Sí, es verdad. Mire, se me ocurre una idea. ¿Tiene usted tiempo?
- Claro.
- Pues esperamos a mi amigo que me va a recoger y después le llevamos en coche al centro.

Después de una hora de espera el amigo no ha llegado todavía. Usted y su compañera de viaje deciden tomar el autobús y el metro.
Stunden später kommen Sie endlich an und erzählen folgende Geschichte. Setzen Sie die jeweils richtige Verbform ein (Imperfekt, Indefinido, Perfekt).

- Por fin estás aquí. Lo siento pero no (poder) .... ir a recogerte al aeropuerto porque (tener) .... un problema con el coche. ¿Dónde (estar) .... todo el tiempo? Te (llamar) .... al aeropuerto y nada.
- ■ No te imaginas lo que me (pasar) .... Al llegar, te .... (esperar) unos 20 minutos. Como vi que no (llegar) ...., le (preguntar) .... a una chica si me podía aclarar el camino hasta el centro de Madrid. Entonces me (proponer) .... esperar a su amigo, que iba a recogerla a ella, e ir con ellos al centro.
- Estupendo.
- ■ Nada de estupendo. El amigo no (aparecer) .... por ninguna parte. Después de esperar una hora en el bar del aeropuerto, Mónica, así se llama mi compañera de desdichas, (decidir) .... que nos fuéramos en metro. Además mientras (esperar) ...., bebimos una cerveza tras la otra.

6 Futur und ir + a + Infinitiv

oder *Wir werden sehen*

Sieht so aus, als würde es jeden Moment zu regnen anfangen. - Ich hoffe nur, mein neuer Wollpullover geht nicht ein!

Die Zukunft können wir Ihnen nicht verkünden, sehr wohl aber, wie man auf Spanisch über die Zukunft spricht.

Zunächst kann man auf Spanisch – wie übrigens auch im Deutschen – mit der Gegenwartsform Zukünftiges beschreiben. Allerdings braucht diese Zeitform dafür die richtigen Begleiter, das heißt Adverbien und temporale Fügungen, die dem Kontext die Bedeutung von Zukunft verleihen. Das sind etwa: la semana que viene *kommende Woche*, la próxima semana *nächste Woche*, pasado mañana *übermorgen* usw.

La semana que viene **voy** a Marruecos. *Nächste Woche fahre ich nach Marokko.*

Häufiger ist indes der Gebrauch einer der drei Zukunftsformen. Die spanische Sprache unterscheidet zwischen naher Zukunft, Futur I und Futur II.

6.1 Nahe Zukunft (ir + a + Infinitiv) oder *Ich gehe jetzt*

Mit ir + a + Infinitiv nimmt man Bezug auf eine gegenwartsnahe Zukunft. Mit dieser Form bringt man außerdem eine feste Absicht zum Ausdruck.

6.1.1 Grammatikalische Form der nahen Zukunft

Die nahe Zukunft wird mit den konjugierten Formen des Verbs ir, der Präposition a und dem Infinitiv der zukünftigen Handlung gebildet.

	ir + a + Infinitiv
yo	voy a trabajar *ich werde arbeiten*
tú	vas a bailar *du wirst tanzen*
él, ella, usted	va a leer *er wird lesen*
nosotros, -as	vamos a cantar *wir werden singen*
vosotros, -as	vais a viajar *ihr werdet reisen*
ellos, -as, ustedes	van a cenar *sie/Sie werden zu Abend essen*

6.1.2 Gebrauch der nahen Zukunft

Mit der nahen Zukunft berichtet man über ein Vorhaben oder eine Handlung, die in der nächsten Zeit stattfinden wird.

¿Qué **vas a hacer hoy**? *Was machst du heute?*
Creo que **voy a ir** al cine. *Ich glaube, ich werde ins Kino gehen.*

6.2 Weitere Formen der nahen Zukunft
oder *Ich habe vor …*

- Mit pensar + Infinitiv betont der Sprecher seine Absicht, etwas zu tun. Er hat etwas vor, was aber nicht heißt, dass er es auch ausführen wird!

Mañana **pienso ir** al cine. *Ich habe morgen vor, ins Kino zu gehen.*

- Wenn der Sprecher Gewicht auf seinen Willen legen will, benutzt er das Präsens oder Imperfekt des Verbs querer + Infinitiv.

¿Qué vas a hacer hoy? *Was hast du heute vor?*
Quiero ir al cine. *Ich will ins Kino gehen.*
Quería ir al cine. *Ich wollte ins Kino gehen.*

6.3 Futur I
oder *Ich werde gehen*

Schon wenn Sie im Urlaub den spanischen Wetterbericht hören, kommen Sie ohne das Futur nicht aus. Der Moderator wird mit Sicherheit einige Futur-Formen verwenden. Die wollen wir uns mal genauer ansehen.

6.3.1 Formen des Futurs I

Einfacher geht es nicht! Die regelmäßigen Verben bilden das Futur mit Infinitiv + Endungen, die für alle Verben gleich sind: trabajaré *ich werde arbeiten*, comeré *ich werde essen*, viviré *ich werde leben*.

	trabajar *arbeiten*
yo	trabaja**ré**
tú	trabajar**ás**
él, ella, usted	trabajar**á**
nosotros, -as	trabajar**emos**
vosotros, -as	trabajar**éis**
ellos, -as, ustedes	trabajar**án**

❗ Bei folgenden Verben ändert sich die Stammform. Die Endungen bleiben indes gleich:

tener *haben*	**tendré** *ich werde haben*	venir *kommen*	**vendré** *ich werde kommen*
salir *ausgehen*	**saldré** *ich werde ausgehen*	poner *(hin)stellen*	**pondré** *ich werde (hin)stellen*
hacer *machen*	**haré** *ich werde machen*	saber *wissen*	**sabré** *ich werde wissen*
decir *sagen*	**diré** *ich werde sagen*	querer *wollen*	**querré** *ich werde wollen*
poder *können*	**podré** *ich werde können*	haber *haben* (Hilfsverb)	**habré** *ich werde … haben*

6.3.2 Gebrauch des Futurs I

Einige der zahlreichen Anwendungsmöglichkeiten des Futurs I haben wir im Folgenden zusammengefasst.

Das Futur I wird verwendet:
- für Voraussagen und Ankündigungen:

El martes **lloverá** en Galicia y en el sur **subirán** las temperaturas. *Dienstag wird es in Galicien regnen und im Süden werden die Temperaturen ansteigen.*

- wenn wir auf zukünftige Ereignisse, Zustände und Situationen Bezug nehmen:

Llegaremos a las doce de la noche a Madrid.
Wir werden um 12 Uhr nachts in Madrid ankommen.

- bei Verboten und Geboten:

Ganarás el pan con el sudor de tu frente. *Du sollst dein Brot im Schweiße deines Angesichts verdienen.*

- um Vermutung, Wahrscheinlichkeit und Zweifel auszudrücken:

Con amigos **no estarás** nunca solo. *Wer Freunde hat, wird nie allein sein.*
Llaman por teléfono. ¿Quién **será** a estas horas? **Será** Jorge. *Das Telefon klingelt. Wer wird das um diese Zeit sein? Es wird wohl Jorge sein.*
Él **ganará** mucho dinero, pero no creo que sea feliz.
Er mag wohl viel Geld verdienen, aber ich glaube nicht, dass er glücklich ist.

! Vermutung und Wahrscheinlichkeit kann man auch mit dem Adverb probablemente *wahrscheinlich* + Präsens äußern!

Probablemente está ahora en casa de sus padres. *Er wird jetzt wahrscheinlich bei seinen Eltern sein.*

- bei Übertreibungen und um Erstaunen zu äußern:

¡Seré tonta, he olvidado otra vez la tarjeta de crédito! *Bin ich dumm! Ich habe schon wieder die Kreditkarte vergessen!*

6.4 Futur II
oder *Ich werde gegangen sein*

Mit dem Futur II bezeichnet man eine abgeschlossene Handlung oder Situation in der Zukunft. Das Futur II wird daher auch vollendetes Futur genannt.

6.4.1 Formen des Futurs II

Das Futur II bildet man mit der Futur-I-Form des Hilfsverbs haber und dem Partizip Perfekt des Vollverbs. Das Partizip Perfekt ist dabei unveränderlich.

		trabajar *arbeiten*	**beber** *trinken*	**vivir** *leben, wohnen*
yo	**habré**	trabaj**ado**	beb**ido**	viv**ido**
tú	**habrás**	trabaj**ado**	beb**ido**	viv**ido**
él, ella, usted	**habrá**	trabaj**ado**	beb**ido**	viv**ido**
nosotros, -as	**habremos**	trabaj**ado**	beb**ido**	viv**ido**
vosotros, -as	**habréis**	trabaj**ado**	beb**ido**	viv**ido**
ellos, -as, ustedes	**habrán**	trabaj**ado**	beb**ido**	viv**ido**

6.4.2 Gebrauch des Futurs II

Das Futur II wird verwendet:

- um über Handlungen zu berichten, die in der Zukunft schon abgeschlossen sein werden:

Dentro de unos meses **habremos visitado** los Estados Unidos. *In einigen Monaten werden wir die Vereinigten Staaten besucht haben.*

- um Vermutungen über zurückliegende Vorgänge auszudrücken:

Ana no ha conseguido el puesto de trabajo al que se presentó. ¡Qué raro! **No se habrá preparado** bien. *Ana hat die Stelle nicht bekommen, für die sie sich beworben hatte. Komisch. Sie wird sich wohl nicht gut vorbereitet haben.*

- in empörten Ausrufen:

¡**Habrase visto** tal tonto! *Hat man so einen Blödmann schon gesehen!*

Übung 21

Ein Besuch bei der berühmten Wahrsagerin Madame de los Picos. Setzen Sie die richtige Zukunftsform ein.

Übungen

● Señora de los Picos, estoy aquí para saber algo sobre mi futuro.

■ Ya lo sé. Déjeme ver primero su mano. Es usted idealista, valiente y honrado. No obstante, (tener) .... muchas dificultades.

- ¡No me asuste, señora! ¿No podría ser un poco más concreta?
- Según las cartas sólo va a tener problemas en la vida: un trabajo mal pagado, sin casa, siempre vagando de ciudad en ciudad.
- Ya, ya. Eso son los problemas de los yuppies actuales. Se nos exige mucha movilidad. Y sobre mi novia Sandra. ¿Cree usted que se (decidir) .... algún día a casarse conmigo?
- Las cartas dicen que no. Sandra se (convertir) .... en una mujer de negocios y no se (casar) .... con nadie. Eso sí, (tener) .... muchísimas relaciones pasajeras con compañeros de trabajo. Dentro de cinco años ya (montar) .... el décimo restaurante de su cadena de hostelería. Una mujer inteligente.
- ¿Y qué me dice de mi asistente Luis? El pobre seguro que no va a tener mucha suerte.
- Se equivoca, señor. Luis (ser) .... dentro de dos años alcalde de Madrid. El futuro tiene buenas intenciones con él.

7 Konditional

oder *Wenn ich an deiner Stelle wäre, dann würde ich …*

Entschuldigen Sie, könnten Sie mir sagen, wo sich die Sagrada Familia befindet? - Sie wären überrascht, wenn Sie sich umdrehten.

Ob Sie sich nach einer Sehenswürdigkeit erkundigen oder einen Wunsch bzw. eine Meinung höflich äußern wollen – ohne den Konditional kommen Sie nicht aus.

7.1 Formen des Konditionals I

oder *Ich würde sagen …*

Der Konditional wird gebildet, indem man an den Infinitiv des Verbs die Endungen der Imperfektform auf -ía anhängt.

	trabajar *arbeiten*	**beber** *trinken*	**vivir** *wohnen, leben*
yo	trabajar**ía**	beber**ía**	vivir**ía**
tú	trabajar**ías**	beber**ías**	vivir**ías**
él, ella, usted	trabajar**ía**	beber**ía**	vivir**ía**
nosotros, -as	trabajar**íamos**	beber**íamos**	vivir**íamos**
vosotros, -as	trabajar**íais**	beber**íais**	vivir**íais**
ellos, -as, ustedes	trabajar**ían**	beber**ían**	vivir**ían**

Auch der Konditional kennt unregelmäßige Verben. Bei ihnen ändert sich – wie wir es schon aus dem Futur kennen – der Stamm.
Die Konditionalendungen bleiben indes unverändert:

	tener *haben*
yo	**tendr**ía
tú	**tendr**ías
él, ella, usted	**tendr**ía
nosotros, -as	**tendr**íamos
vosotros, -as	**tendr**íais
ellos, -as, ustedes	**tendr**ían

Weitere Verben mit Stammveränderung im Konditional sind:

caber *(hinein)passen*	**cabr**ía
decir *sagen*	**dir**ía
hacer *machen*	**har**ía
poder *können*	**podr**ía

poner *legen, stellen*	**pondría**
querer *wollen*	**querría**
saber *wissen*	**sabría**
salir *(hinaus)gehen*	**saldría**
valer *Wert sein*	**valdría**
venir *kommen*	**vendría**

7.2 Gebrauch des Konditionals I
oder *Möglich ist alles*

Der Konditional wird verwendet:

- zur Äußerung von Wünschen:

Me **gustaría** viajar a los Estados Unidos. *Ich würde gern in die USA reisen.*

- zur höflichen Äußerung einer Bitte:

¿**Podría** usted mandar un fax a la empresa? *Könnten Sie ein Fax an die Firma schicken?*

! Statt querría wird meist quisiera und statt debería oder podría werden gelegentlich debiera und pudiera verwendet:

Quisiera tomar un café con leche. *Ich möchte gern einen Milchkaffee trinken.*

- zur Äußerung einer Vermutung in Bezug auf einen vergangenen Sachverhalt:

Serían las cuatro de la tarde. *Es wird vier Uhr gewesen sein.*

- zur Erteilung von Ratschlägen und Empfehlungen:

Deberías trabajar menos. *Du solltest weniger arbeiten.*

- in Bedingungssätzen (▸ 10).
- zum Ausdruck einer zukünftigen Handlung vom Zeitpunkt der Vergangenheit aus betrachtet:

Entonces volvió a su país, donde **conocería** a su futura mujer. *Damals kehrte er in seine Heimat zurück, wo er seine zukünftige Frau kennenlernen sollte.*

7.3 Formen und Gebrauch des Konditionals II oder *Ich hätte gedacht …*

Der Konditional II wird gebildet mit den Formen des Konditionals I von haber und dem Partizip Perfekt des Hauptverbs:

	haber *haben (Hilfsverb)*	**tomar** *nehmen*
yo	**habría**	tom**ado**
tú	**habrías**	tom**ado**
él, ella, usted	**habría**	tom**ado**
nosotros, -as	**habríamos**	tom**ado**
vosotros, -as	**habríais**	tom**ado**
ellos, -as, ustedes	**habrían**	tom**ado**

! Der Konditional II drückt Handlungen aus, die in der Vergangenheit nicht zustande kamen, weil die Voraussetzungen dafür fehlten:

Te **habría visitado**. *Ich hätte dich besucht.*

Der Konditional II wird in Satzgefügen mit irrealen Bedingungssätzen verwendet (▶ 10.3):

Si te hubiéramos visto, te **habríamos saludado.** *Wenn wir dich gesehen hätten, hätten wir dich gegrüßt.*

! Statt habría wird oft hubiera verwendet.

Übungen

Übung 22

Wie reagieren Sie in den folgenden Situationen? Verbinden Sie die passenden Sätze.

a) Usted está en un restaurante. Ha pedido una sopa. Ésta está fría. ☐

b) Sus amigos le proponen hacer un viaje durante el fin de semana, pero usted tiene mucho trabajo. ☐

c) Su compañera de trabajo está agobiada con el nuevo proyecto. ☐

d) Usted se extraña porque su avión no llega a la hora acordada. ☐

e) En un bar usted pide una cerveza. ☐

1. Es extraño, debería haber llegado ya.
2. Querría tomar una caña, por favor.
3. Me gustaría mucho, pero tengo muchísimo trabajo.
4. Perdone, ¿podría traerme otro plato de sopa que esté caliente?
5. ¿No crees que deberías tomarte unas vacaciones?

Übung 23

Herr Sánchez und Frau Reiter essen im Restaurant. Bringen Sie den Dialog in die richtige Reihenfolge!

a) Camarero: ¿Qué desean tomar, el señor y la señora? ☐

b) Camarero: ¿Y para comer? ☐

c) Camarero: ¿Y el señor? ☐

d) Camarero: ¿Y de postre? ☐

e) Camarero: ¿Y usted, señora? ☐

1. Sánchez: Pues yo preferiría tomar chuletillas de cordero.
2. Reiter: Un café sólo por favor.
3. Sánchez: Yo tomaré un vino tinto de Ribera.
   ¿Y tú, Andrea?
   Reiter: Creo que tomaré una cerveza.
4. Sánchez: Yo tomaré una crema catalana y un café con leche.
5. Reiter: A mí me gustaría tomar un gazpacho andaluz.

Übung 24

Setzen Sie das Verb im Futur in die 1. Person des Konditionals.

a) No hablarás, yo sí ....

b) No irás, yo sí ....

c) No saldrás, yo sí ....

d) No escribirás, yo sí ....

e) No pagarás, yo sí ....

f) No comerás, yo sí ....

Übung 25

Was würden Sie in folgenden Situationen machen?

1. Haría una siesta.
2. Me pondría un jersey.
3. Me tomaría unas aspirinas.
4. Le regalaría un buen libro.
5. Me tomaría una cerveza.
6. Iría al mecánico.

a) Le duele la cabeza. ☐

b) Está muy cansado. ☐

c) Tiene mucha sed. ☐

d) Tiene mucho frío. ☐

e) Es el cumpleaños de su padre. ☐

f) Su coche está averiado. ☐

8 Imperativ

oder *Tue, was du kannst!*

Bringen Sie Wasser zum Kochen ... Zahlen sind mein Metier, nicht Kochen! - Apropos, bist du schon mit der Steuer-erklärung fertig?

Für eine gute Mahlzeit wird man wohl oft einer Anweisung bedürfen. Ob es aber ohne einen anständigen Imperativ geht, ist mehr als fraglich. Die folgenden Regeln sollte daher jede Köchin und jeder Koch beherrschen.

8.1 Formen des bejahten Imperativs

oder *An die Arbeit!*

	Verben auf -ar **trabajar** *arbeiten*	**Verben auf -er** **comer** *essen*	**Verben auf -ir** **escribir** *schreiben*
tú	trabaj**a**	com**e**	escrib**e**
nosotros, -as	trabaj**emos**	com**amos**	escrib**amos**
vosotros, -as	trabaj**ad**	com**ed**	escrib**id**
usted	trabaj**e**	com**a**	escrib**a**
ustedes	trabaj**en**	com**an**	escrib**an**

- Die Du-Form (tú) entspricht der 3. Person Indikativ Präsens.
- In der Ihr-Form (vosotros) werden die Endungen -ad, -ed, -id an den Verbstamm angehängt.

! Diese Ihr-Form des Imperativs wird außer in der literarischen Sprache selten gebraucht. Die meisten Spanier benutzen ganz einfach den Infinitiv als Imperativ: trabajar, comer, escribir.

- Die Wir-Form (nosotros) und die Sie- bzw. Höflichkeitsformen (usted, ustedes) werden mit den Endungen des Subjuntivo Präsens gebildet (▶ 9).

¡**Pasen**, por favor! *Kommen Sie bitte rein!*

Die folgenden Verben bilden in der Du-Form des bejahten Imperativs eigene Formen: poner *legen*, *stellen* – **pon**, decir *sagen* – **di**, hacer *machen* – **haz**, salir *(hinaus) gehen* – **sal**, ser *sein* – **sé**, ir *gehen* – **ve**, tener *haben* – **ten**, venir *kommen* – **ven**. Es handelt sich um Verben mit unregelmäßiger Konjugation in der Ich-Form Präsens (pongo, digo, hago, salgo, soy, voy, tengo, vengo).

! Das Personalpronomen wird beim Imperativ an das Verb angehängt.

¡Déje**lo** ahí! *Lassen Sie es da!*

! Dativ steht vor Akkusativ (im Gegensatz zum Deutschen).

¡**Dímelo**! *Sag es mir!*

8.2 **Gebrauch des bejahten Imperativs** oder *Nicht nur Befehle erteilen*

Der Imperativ ist keine ausschließliche Befehlsform. Die folgende Palette an Beispielen soll seine vielfältigen Einsatzmöglichkeiten verdeutlichen helfen.

Der Imperativ wird verwendet:

- um eine Bitte oder Aufforderung zu äußern:

Vorsicht! Wenn Sie nicht unhöflich sein wollen, sollten Sie den Imperativ nicht gleich am Anfang eines Gesprächs benutzen!

¿Qué van a tomar los señores? *Was wollen die Herrschaften trinken?*
Yo quisiera tomar una cerveza. *Ich möchte ein Bier trinken.*
Póngame un café, por favor. *Bringen Sie mir einen Kaffee, bitte.*

Der Kaffeetrinker benutzt den Imperativ erst, nachdem der Kontakt zum Kellner schon hergestellt wurde. Unhöflich wäre es, wenn er unaufgefordert gesagt hätte: Póngame un café.

- um Aufmerksamkeit zu bekommen:

Oye, dime qué hora es. *Hör mal, sage mir, wie spät es ist.*
¡**Mira, mira**, la actriz de la película! *Sieh nur, die Schauspielerin aus dem Film!*

- um mit einer Aufforderung Höflichkeit, Interesse und Ermunterung zu bekunden:

Pase, pase, don Miguel. Le estábamos esperando. *Kommen Sie nur rein, Don Miguel. Wir haben auf Sie gewartet.*
Toma, sírvete más calamares. Están riquísimos. *Nimm noch, bedien dich nur mit Calamares. Sie schmecken ausgezeichnet.*

8.3 Der verneinte Imperativ
oder *Nicht alles ist erlaubt*

Leider übernimmt der verneinte Imperativ nicht alle Formen des bejahten Imperativs. Er wird durchgehend mit den Formen des Subjuntivo Präsens gebildet (▶ 9). Das heißt, die Höflichkeitsformen (usted, ustedes) und die Wir-Form (nosotros) sind identisch mit dem bejahten Imperativ. Dem verneinten Imperativ wird no vorangestellt.

	Verben auf -ar **trabajar** *arbeiten*	**Verben auf -er** **comer** *essen*	**Verben auf -ir** **escribir** *schreiben*
tú	no trabaj**es**	no com**as**	no escrib**as**
nosotros, -as	no trabaj**emos**	no com**amos**	no escrib**amos**
vosotros, -as	no trabaj**éis**	no com**áis**	no escrib**áis**
usted	no trabaj**e**	no com**a**	no escrib**a**
ustedes	no trabaj**en**	no com**an**	no escrib**an**

! Das Pronomen steht vor dem verneinten Imperativ:

¡No muevas el brazo! *Bewege den Arm nicht!*
¡No **lo** muevas! *Bewege ihn nicht!*

8.4 Ersatzformen für den Imperativ
oder *Durch die Blume gesagt*

Anweisungen, Aufforderungen und Befehle werden oft nicht mit dem Imperativ ausgedrückt. Ein paar Alternativen zum Imperativ können daher durchaus hilfreich sein.

- vamos + a + Infinitiv wird oft als Bitte oder Aufforderung statt der Wir-Imperativform verwendet:

Vamos a sentarnos. *Setzen wir uns!*

- a + Infinitiv dient häufig im familiären Sprachgebrauch als Aufforderung:

¡A comer! *Essen!*

- dasselbe gilt für a + Substantiv (mit bestimmtem Artikel):

¡Al ataque! *Zum Angriff!*

- Auch eine höfliche Frage kann als Aufforderung verstanden werden:

¿Por qué no entráis? *Warum tretet ihr nicht ein?*

Übungen

Übung 26
Setzen Sie die Sätze in den Imperativ. Achten Sie auch auf die Pronomen.

a) Quiero que te vayas. (tú)

....

b) No pisar el césped. (ustedes)

....

c) Prohibido fumar. (ustedes)

....

d) Quiero que vayas a su casa y se lo preguntes. (tú)

....

e) Espero que me escribas. (tú)

....

f) Quiero que se lo preguntéis. (vosotros)

....

Übung 27
Setzen Sie folgende Sätze in den verneinten Imperativ.

a) Tened paciencia.

....

b) Vuelve a poner ese disco.

....

c) Presta atención.

....

d) Siéntate en la mesa.

....

e) Salga deprisa, por favor.

....

f) Sed cuidadosos.

....

9 Subjuntivo
oder *Eine Sache der Perspektive*

Wo ist die Kirche? - Weit entfernt. Ich glaube nicht, dass wir es heute schaffen. - So weit weg, dass auch Gott nicht dorthin geht.

Wie oft spricht man nicht über Gefühle, subjektive Wahrnehmungen, Wünsche! Man will die eigene Meinung äußern und in der Fremdsprache argumentieren können … und dafür brauchen Sie den Subjuntivo!

9.1 Formen des Subjuntivo
oder *Den gibt's doch gar nicht im Deutschen*

9.1.1 Subjuntivo Präsens

Regelmäßige Verben

Da Sie bereits den Indikativ Präsens bilden können, wird der Subjuntivo Ihnen jetzt leichtfallen. Er ist nämlich in Bezug auf die Formen beinahe gleich. Verben auf -ar enden im Subjuntivo auf -e, während die Verben auf -er und -ir jetzt ein -a erhalten. So einfach geht's!

	Verben auf -ar **trabajar** *arbeiten*	**Verben auf -er** **aprender** *lernen*	**Verben auf -ir** **vivir** *leben, wohnen*
yo	trabaj**e**	aprend**a**	viv**a**
tú	trabaj**es**	aprend**as**	viv**as**
él, ella, usted	trabaj**e**	aprend**a**	viv**a**
nosotros, -as	trabaj**emos**	aprend**amos**	viv**amos**
vosotros, -as	trabaj**éis**	aprend**áis**	viv**áis**
ellos, -as, ustedes	trabaj**en**	aprend**an**	viv**an**

! Kommt Ihnen einiges bekannt vor? Genau, Sie haben ein paar Formen schon im Imperativ gelernt! Spanisch ist doch eine einfache Sprache!

Unregelmäßige Verben

Erinnern Sie sich noch an die Änderungen der Stammvokale im Indikativ Präsens: e → ie, o → ue und e → i? Auch im Subjuntivo Präsens ändert sich der Stammvokal bei denselben Personen wie im Indikativ.

! Aber aufgepasst: In der Gruppe e → i verändern sich alle Formen!

	querer: e → ie *wollen*	**poder: o → ue** *können*	**pedir: e → i** *fordern, verlangen*
yo	qu**ie**ra	p**ue**da	p**i**da
tú	qu**ie**ras	p**ue**das	p**i**das
él, ella, usted	qu**ie**ra	p**ue**da	p**i**da
nosotros, -as	queramos	podamos	p**i**damos
vosotros, -as	queráis	podáis	p**i**dáis
ellos, -as, ustedes	qu**ie**ran	p**ue**dan	p**i**dan

Bei einigen Verben ändert sich die Schreibweise, damit die Aussprache erhalten bleibt!

lle**ga**r *ankommen* → lle**gue**
expli**ca**r *erklären* → expli**que**
se**gui**r *folgen* → si**ga**
co**ge**r *nehmen* → co**ja**
empe**za**r *anfangen* → empie**ce**
ven**ce**r *siegen* → ven**za**

Aus dem Indikativ Präsens kennen wir bestimmte Verben, die in der 1. Person unregelmäßig sind:

hacer *machen* → ha**go**
poner *legen, hinstellen* → pon**go**
conocer *kennen, kennenlernen* → cono**zco**

Ausgehend von dieser unregelmäßigen Ich-Form werden im Subjuntivo alle Personen gebildet.

Orientieren Sie sich deshalb bei der Bildung des Subjuntivo immer an der 1. Person Indikativ Präsens!

	hacer *machen*	**traer** *bringen*
Indikativ Präsens, 1. Person	hago	traigo
Subjuntivo Präsens	haga	traiga
	hagas	traigas
	haga	traiga
	hagamos	traigamos
	hagáis	traigáis
	hagan	traigan

Aus dem Indikativ wissen Sie auch, dass manche Verben ganz unregelmäßige Konjugationsformen haben. Zum Glück sind es nicht viele. Die wichtigsten unregelmäßigen Subjuntivo-Formen finden Sie hier:

ser *sein*	**estar** *sein*	**haber** *haben* Hilfsverb	**saber** *wissen*	**ir** *gehen*
sea	esté	haya	sepa	vaya
seas	estés	hayas	sepas	vayas
sea	esté	haya	sepa	vaya
seamos	estemos	hayamos	sepamos	vayamos
seáis	estéis	hayáis	sepáis	vayáis
sean	estén	hayan	sepan	vayan

9.1.2 Subjuntivo Perfekt

Und deine Tochter, ist sie schon nach Madrid gefahren? - Ich hoffe, sie ist gut angekommen.

Den Subjuntivo Perfekt bildet man mit dem Subjuntivo Präsens von haber und dem Partizip Perfekt des Vollverbs:

	haber	Partizip	
yo	haya	cant**ado**	*gesungen*
tú	hayas	com**ido**	*gegessen*
él, ella, usted	haya	viv**ido**	*gelebt*
nosotros, -as	hayamos	escr**ito**	*geschrieben*
vosotros, -as	hayáis	**dicho**	*gesagt*
ellos, -as, ustedes	hayan	**visto**	*gesehen*

9.1.3 Subjuntivo Imperfekt

Den Subjuntivo Imperfekt bilden Sie am einfachsten, indem Sie die 3. Person Plural des Indefinido nehmen und die Endung -ron durch -ra oder -se ersetzen:

	Verben auf -ar **cantar** *singen*	Verben auf -er **comer** *essen*	Verben auf -ir **escribir** *schreiben*
Indefinido	canta-**ron**	comie-**ron**	escribie-**ron**
Subjuntivo Imperfekt	canta-**ra** oder canta-**se**	comie-**ra** oder comie-**se**	escribie-**ra** oder escribie-**se**

Sie wundern sich zu Recht: Es gibt zwei mögliche Endungen für den Subjuntivo Imperfekt, eine auf -ra und eine auf -se. Die beiden können alternativ gebraucht werden: Sie entscheiden, welche Ihnen besser gefällt!

Und nun wollen wir noch ein paar Verbbeispiele durchkonjugieren:

	bailar *tanzen*	**beber** *trinken*	**Unregelmäßige Verben**
yo	baila-ra/-se	bebie-ra/-se	haber: hubie-ra/-se
tú	baila-ras/-ses	bebie-ras/-ses	estar: estuvie-ras/-ses
él, ella, usted	baila-ra/-se	bebie-ra/-se	poner: pusie-ra/-se
nosotros, -as	bailá-ramos/ -semos	bebié-ramos/ -semos	ver: vié-ramos/ -semos
vosotros, -as	baila-rais/-seis	bebie-rais/-seis	entender: entendie-rais/-seis
ellos, -as, ustedes	baila-ran/-sen	ir: bebie-ran/ -sen	decir: dije-ran/-sen

9.1.4 Subjuntivo Plusquamperfekt

Diese Zeit wird mit dem Imperfekt des Subjuntivo von haber und dem Partizip des Vollverbs gebildet:

	haber	Partizip
yo	hubiera/-se	cant**ado**
tú	hubieras/-ses	com**ido**
él, ella, usted	hubiera/-se	viv**ido**
nosotros, -as	hubiéramos/-semos	escr**ito**
vosotros, -as	hubierais/-seis	di**cho**
ellos, -as, ustedes	hubieran/-sen	**visto**

9.2 Gebrauch des Subjuntivo
oder *Hoffentlich …*

Es ist wichtig, dass du ordentlicher und ausdauernder wirst. - Die Aktien von Endosa sind gerade gefallen. Ich werde eine Einkaufsorder geben.

Bald werden Sie den Subjuntivo mindestens so gut wie der besorgte Vater beherrschen. Ein paar Regeln und Beispiele helfen Ihnen dabei.

Während der Indikativ Handlungen und Zustände als Tatsachen darstellt, kann der Sprecher/die Sprecherin mit dem Subjuntivo eine persönliche Haltung oder Meinung zum Ausdruck bringen. Der Subjuntivo steht vorwiegend in Nebensätzen und ist von Verben und Konjunktionen abhängig.

9.2.1 Subjuntivo in Nebensätzen

Der Subjuntivo steht im que-Satz, wenn in den Hauptsätzen folgende Verben oder Ausdrücke vorkommen:

- Verben, die Wünsche, Forderungen, Befehle ausdrücken: querer *wollen*, desear *wünschen*, esperar *hoffen*, pedir *fordern*, exigir *verlangen*, obligar *verpflichten*, proponer *vorschlagen*, recomendar *empfehlen*, ordenar *befehlen*, prohibir *verbieten*, aconsejar *raten*, usw.

Quiero que me **acompañes** al dentista. *Ich will, dass du mich zum Zahnarzt begleitest.*
Espero que Carlos **venga** pronto. *Ich hoffe, dass Carlos bald kommt.*

! Wenn Haupt- und Nebensatz das gleiche Subjekt haben, wird statt des que-Satzes eine Infinitivkonstruktion verwendet:

Esta noche **quiero** (yo) **salir** (yo) a bailar. *Heute Abend will ich tanzen gehen.*
Quiero (yo) **que vengas** (tú) a bailar conmigo. *Ich will, dass du mit mir tanzen kommst.*

- Verben der Gefühlsäußerung: agradar *behagen*, alegrarse *sich freuen*, sentir *bedauern*, detestar *verabscheuen*, disgustar *anekeln*, molestar *ärgern*, temer *befürchten*, encantar *entzücken*, parecer bien/mal *gut/schlecht finden*.

Me alegro de **que estés** de nuevo con nosotros. *Ich freue mich, dass du wieder bei uns bist.*
Me parece bien que él **sea** el nuevo jefe del proyecto. *Ich finde es gut, dass er der neue Projektleiter ist.*

- Verben, die Zweifel bzw. Unsicherheit ausdrücken und verneinte Ausdrücke des Glaubens:

Dudo que podamos coger el avión a tiempo. *Ich bezweifle, dass wir das Flugzeug noch rechtzeitig erreichen.*
No creo que llueva esta tarde, ¡hace tanto calor! *Ich glaube nicht, dass es heute Abend regnet, es ist so warm!*

Zu dieser Gruppe gehören auch:
no pienso que *ich denke nicht, dass*, no es verdad que *es stimmt nicht, dass*, no es cierto que *es ist nicht sicher, dass,* no está demostrado que *es ist nicht bewiesen, dass*.

❗ Aber aufgepasst: Folgende Ausdrücke erfordern den Indikativ:
creo *ich glaube*, es verdad *es stimmt*, es cierto *es ist sicher*, es evidente *es ist offensichtlich*, está demostrado *es ist erwiesen*.

Creo que hará buen tiempo. *Ich glaube, dass das Wetter schön wird.*

- unpersönliche Ausdrücke, die eine persönliche Stellungnahme beinhalten:

Es importante que tomes las medicinas con regularidad. *Es ist wichtig, dass du die Medikamente regelmäßig nimmst.*
Es necesario que los políticos **solucionen** el problema del paro. *Es ist notwendig, dass die Politiker das Problem der Arbeitslosigkeit lösen.*

Weitere unpersönliche Ausdrücke, die den Subjuntivo erfordern, sind:
es probable *es ist wahrscheinlich*, es mejor *es ist besser*, es posible *es ist möglich*, es imposible *es ist unmöglich*, es normal *es ist normal*, es una pena *es ist schade*, es raro *es ist seltsam*, es peligroso *es ist gefährlich*, es lógico *es ist logisch*, es fundamental *es ist wesentlich*, es obligatorio *es ist zwingend notwendig*, es fácil *es ist leicht.*

- Auch bestimmte Konjunktionen erfordern den Subjuntivo. Dazu gehören:
  para que *damit*, a fin de que *damit*, a no ser que *es sei denn*, sin que *ohne dass*, de ahí que *darum*, como si *als ob*, siempre que *vorausgesetzt, dass*, a condición de que *unter der Bedingung, dass.*

Te he traído unas fresas **para que puedas** hacer una tarta. *Ich habe dir ein paar Erdbeeren mitgebracht, damit du eine Torte backen kannst.*
El año que viene paso al siguiente curso, **a no ser que suspenda** el examen. *Nächstes Jahr gehe ich in den nächsten Kurs, es sei denn, ich bestehe die Prüfung nicht.*

! Nach como si kann nur der Subjuntivo Imperfekt stehen!

¿Qué le pasa a Carlos? *Was ist mit Carlos los?*
Se comporta **como si no me conociera**. *Er benimmt sich, als ob er mich nicht kennen würde.*

Manche Konjunktionen kann man sowohl mit dem Indikativ als auch mit dem Subjuntivo verwenden: aunque *obwohl/auch wenn*, cuando *wenn/sobald*, mientras *während/solange*. Es hängt davon ab, was Sie als Sprecher sagen wollen. Wenn Sie über Tatsachen sprechen, dann benutzen Sie den Indikativ. Wenn es sich hingegen um Möglichkeiten oder Voraussetzungen handelt, die noch nicht eingetreten sind, verwenden Sie den Subjuntivo.

Je nachdem, ob diese Konjunktionen mit dem Indikativ oder mit dem Subjuntivo gebraucht werden, ändern sie ihren Sinn:

Konjunktion	Indikativ	Subjuntivo
mientras	*während*	*solange*
cuando	*wenn (immer)*	*wenn/sobald*
aunque	*obwohl*	*auch wenn*

mientras + Indikativ

Me gusta escuchar música clásica **mientras leo** el periódico. *Ich höre gern klassische Musik, während ich die Zeitung lese.*

mientras + Subjuntivo

Mientras no **acabe** este informe no podremos empezar la reunión. *Solange ich diesen Bericht nicht fertig habe, können wir nicht mit der Sitzung beginnen.*

cuando + Indikativ	El fin de semana, **cuando tengo** tiempo, me gusta salir a pasear. *Wenn ich am Wochenende Zeit habe, gehe ich gern spazieren.*
cuando + Subjuntivo	**Cuando llegue** de las vacaciones te llamaré enseguida. *Sobald ich aus den Ferien zurück bin, rufe ich dich sofort an.*
aunque + Indikativ	El viaje a Venezuela fue fantástico, **aunque** nos **robaron** la cartera. *Die Reise nach Venezuela war fantastisch, obwohl man uns die Brieftasche geklaut hat.*
aunque + Subjuntivo	No me importa hacer horas extras **aunque** no me las **paguen**. *Es macht mir nichts aus, Überstunden zu leisten, auch wenn man sie mir nicht bezahlt.*

- Der Subjuntivo kommt auch in Relativsätzen vor: Denn Relativsätze können entweder mit Indikativ oder mit Subjuntivo gebildet werden. Erkennen Sie den Unterschied in der Bedeutung der folgenden beiden Sätze?

a) Vivo en una ciudad **que** no **ofrece** actividades culturales. *Ich lebe in einer Stadt, die keine kulturellen Aktivitäten anbietet.*

b) Por eso quiero vivir algún día en una ciudad **que ofrezca** actividades interesantes. *Deshalb möchte ich irgendwann in einer Stadt leben, die interessante Aktivitäten anbietet.*

Der Subjuntivo steht in Relativsätzen, die einen Wunsch oder eine Erwartung enthalten. Der Indikativ wird hingegen verwendet, wenn der Relativsatz sich auf etwas Reelles bzw. Bekanntes bezieht.

! Stellenanzeigen und Inserate sind klassische Fälle für den Gebrauch des Subjuntivo, da nach etwas gesucht wird, was man noch nicht hat!

Buscamos un/a vendedor/a que **sepa** alemán y que **esté especializado/-a** en productos gastronómicos. *Wir suchen eine/n Verkäufer/in, der/die Deutsch spricht und auf Lebensmittel spezialisiert ist.*

9.2.2 Subjuntivo in Hauptsätzen

Es gibt nur wenige Fälle, in denen der Subjuntivo in einem unabhängigen Satz auftaucht. Diese können Sie sich bestimmt merken!

- nach ojalá und ¡que ...!:
  Um einen Wunsch oder eine Hoffnung zu äußern, leitet man den Satz mit einem Subjuntivo ein.

¡Ojalá haga buen tiempo este fin de semana! *Hoffentlich wird das Wetter am Wochenende gut!*
¡Que te vayan muy bien los exámenes! *Viel Glück für die Klausuren!*

- nach quizás *vielleicht*, tal vez *vielleicht*, probablemente *wahrscheinlich*:
  Diese Adverbien drücken Ungewissheit aus. Sie werden je nach dem Grad der Wahrscheinlichkeit mit Subjuntivo oder Indikativ verwendet. Bei Sätzen im Subjuntivo ist die Wahrscheinlichkeit geringer.

Tal vez voy este verano a Portugal de vacaciones./
Tal vez vaya este verano a Portugal de vacaciones.
Vielleicht fahre ich diesen Sommer nach Portugal.

- in Imperativsätzen:
  Im Kapitel über den Imperativ sehen Sie, dass die Höflichkeitsformen des bejahten Imperativs (usted/ustedes) und alle verneinten Imperativformen mit Subjuntivo gebildet werden (▸ 8).

Introduzca su tarjeta en el cajero automático. *Führen Sie Ihre Karte in den Geldautomaten ein.*

Übungen

Übung 28

Wie lautet das Verb im Subjuntivo Präsens?

a) hablas ....
b) bebe ....
c) piensas ....
d) volvéis ....
e) vuelven ....
f) dice ....
g) vas ....
h) sabe ....
i) seguimos ....

Übung 29

Herr Sánchez spricht mit Frau García über seine Abenteuerreisen. Soll er die Verben im Indikativ oder Subjuntivo benutzen? Achten Sie auch auf die Zeiten!

a) Clara, me alegro de que .... (interesarse, tú) por mis viajes. Son viajes muy emocionantes, ... (estar, yo) en muchísimos lugares increíbles.

b) No es verdad que la gente en otros lugares .... (ser) antipática, al contrario, las personas .... (portarse) muy bien conmigo.

c) Bueno, aunque lo que me extraña es que algunas personas no me .... (entender). Me tratan como si .... (estar) loco, como si no .... (saber) lo que hago. No lo .... (entender, yo).

d) Sabes, Clara, aquí en nuestro pueblo conozco a mucha gente que .... (ser) muy simpática y amable conmigo. Pero todavía busco a mi chica ideal, una mujer que .... (tener) el pelo rubio como el oro, que .... (ser) vergonzosa y honesta y que .... (reconocer) mis méritos como persona. ¡En definitiva, busco algo imposible! ¿Tú .... (creer) que la encontraré?

e) En mis viajes es muy importante que mi coche no .... (estropearse) demasiado. Aunque lo .... (cuidar, yo) mucho, es un coche ya viejo y le .... (poder, él) pasar algo.

Übung 30
Vervollständigen Sie diese Vorschriften mit dem Subjuntivo Präsens.

a) Es muy importante que todos .... (observar) estas reglas.

b) Está prohibido que una persona ajena a la empresa .... (entrar) a ningún edificio sin que .... (tener) una autorización.

c) No está permitido que se .... (utilizar) teléfonos móviles en plantas de producción.

d) Es necesario que todos los trabajadores .... (llevar) casco de seguridad siempre que .... (estar) en la planta.

e) Es un requisito que .... (haber) equipos de emergencia en los lugares indicados.

10 Bedingungssatz

oder *Wenn ich gewusst hätte …*

Wenn du Hunger hast, essen wir hier etwas. - Wenn ich das gewusst hätte, hätte ich eine Brotzeitdose mitgebracht.

Auf Spanisch haben wir verschiedene Möglichkeiten, eine Bedingung zu formulieren, abhängig von der Art der Bedingung und von der Einstellung des Sprechers. Folgendes müssen wir uns generell merken:

Im Hauptsatz wird auf einen Sachverhalt Bezug genommen und im Nebensatz auf die Bedingung dafür. Diese wird immer durch eine Konjunktion eingeleitet: si *wenn*, siempre que *vorausgesetzt, dass*, con tal de que *vorausgesetzt, dass*, a condición de que *unter der Bedingung, dass* usw.

Wir unterscheiden drei Arten von Bedingungssätzen: reale, potenzielle und irreale.

10.1 Realer Bedingungssatz
oder *Wenn nicht, dann …*

Wenn der Sprecher meint, dass die Bedingung erfüllbar oder real ist, dann steht nach si der Indikativ, in der Regel Präsens; im Hauptsatz folgt normalerweise Präsens, Futur oder ir a + Infinitiv.

si + Präsens	+ Präsens/Futur/ir a + Infinitiv
Si no duermo mis ocho horas diarias,	al día siguiente **estoy** cansadísima.
Wenn ich nicht täglich meine acht Stunden schlafe,	*dann bin ich am nächsten Tag hundemüde.*
Si mañana **sigue haciendo** tan buen tiempo como hoy,	**iré** a la playa a tomar el sol.
Wenn morgen immer noch so schönes Wetter ist,	*dann werde ich zum Strand gehen, um mich zu sonnen.*

10.2 Potenzieller Bedingungssatz
oder *Wunschdenken*

Ist es unwahrscheinlich, dass die Bedingung erfüllt wird, dann steht im si-Satz Subjuntivo Imperfekt und im Hauptsatz Konditional I.

si + Subjuntivo Imperfekt	+ Konditional
Si tuviéramos las condiciones necesarias para trabajar,	en un mes **acabaríamos** el proyecto.
Wenn wir die erforderlichen Arbeitsbedingungen hätten,	*würden wir in einem Monat das Projekt beenden.*
Si pudiera,	**viajaría** por todo el mundo.
Wenn ich könnte,	*würde ich durch die ganze Welt reisen.*

10.3 Irrealer Bedingungssatz
oder *Alles zu spät*

Kann die Bedingung nicht mehr erfüllt werden, weil das Geschehen in der Vergangenheit liegt, dann steht im si-Satz der Subjuntivo Plusquamperfekt und im Hauptsatz entweder Konditional I oder II oder auch Subjuntivo Plusquamperfekt.

si + Subjuntivo Plusquamperfekt	+ Konditional I/Konditional II/ Subjuntivo Plusquamperfekt
Si hubiéramos llevado el coche a revisar al taller,	no se **habría estropeado** en la autopista.
Wenn wir das Auto in die Werkstatt zum Kundendienst gebracht hätten,	*dann wäre es auf der Autobahn nicht kaputtgegangen.*
Si hubiera sabido que fuisteis ayer al cine,	**hubiera ido** con vosotros.
Hätte ich gewusst, dass ihr gestern ins Kino gegangen seid,	*dann wäre ich mit euch gekommen.*

Wann benutze ich nun Konditional I im Hauptsatz? Ganz einfach: wenn die nicht erfüllte Bedingung sich auch auf die Gegenwart auswirkt.

si + Subjuntivo Plusquamperfekt	+ Konditional I/Konditional II/ Subjuntivo Plusquamperfekt
Si hubiera ido al dentista en seguida,	ahora no **tendría** estos dolores de muelas.
Wenn ich gleich zum Zahnarzt gegangen wäre,	*dann hätte ich jetzt kein Zahnweh.*

10.4 Konjunktionen
oder *Das Wörtchen wenn und Konsorten*

Wie wir anhand der Beispiele bereits gesehen haben, gibt es auf Spanisch verschiedene Konjunktionen, um eine Bedingung einzuführen. Je nachdem, welche Absichten der Sprecher verfolgt, wird die eine oder andere Konjunktion benutzt. Achten Sie dabei immer auch auf die Zeiten der Verben und ob der Indikativ oder der Subjuntivo folgt!

- Wenn wir eine Bedingung ganz neutral und mit allgemeiner Gültigkeit ausdrücken wollen, dann verwenden wir si.
  si + Indikativ oder Subjuntivo (▶ 10.1 – 10.3)

Si tienes ganas, esta tarde podemos ir al cine. Ponen una película muy buena de Pedro Almodóvar. *Wenn du Lust hast, können wir heute Nachmittag ins Kino gehen. Es läuft ein sehr guter Film von Pedro Almodóvar.*

- Will der Sprecher eine Bedingung nennen, die er als unabdingbar ansieht, damit etwas anderes eintritt, dann verwendet er:

siempre que *vorausgesetzt, dass*	+ Subjuntivo
siempre y cuando *nur wenn*	+ Subjuntivo
a condición de que *unter der Bedingung, dass*	+ Subjuntivo
sólo si *nur wenn*	+ Indikativ oder Subjuntivo

Te dejo el coche **a condición de que** me lo **devuelvas** antes del fin de semana. *Ich leihe dir das Auto unter der Bedingung, dass du es mir vor dem Wochenende zurückgibst.*
Sólo si me **prometes** no contárselo a nadie, te explico lo que me ha pasado esta mañana. *Nur wenn du mir versprichst, es niemandem zu erzählen, sage ich dir, was mir heute Morgen passiert ist.*

- Wenn der Sprecher überzeugt ist, dass etwas nur durch ein bestimmtes Ereignis verhindert werden kann, dann formuliert er die Bedingung mit:

excepto que *ausgenommen*	
salvo que *außer*	+ Subjuntivo
a no ser que *es sei denn, dass*	

Da nur noch diese Bedingung etwas verhindern kann, benutzt man solche Konstruktionen normalerweise, wenn man über Pläne oder Projekte spricht, die schon mehr oder weniger entschieden oder beschlossen sind.

El tren sale a las cinco de la tarde **a no ser que lleve** retraso. *Der Zug fährt um fünf Uhr abends, es sei denn, er hat Verspätung.*
Este domingo vamos a ir todos a la playa, **salvo que llueva.** Entonces tendremos que ver qué hacemos. *Diesen Sonntag gehen wir alle an den Strand, außer es regnet. Dann müssen wir sehen, was wir so machen.*

- Wenn die Bedingung für den Sprecher mit etwas Unangenehmem verbunden ist, verwendet er:
  como + Subjuntivo

¡Ten cuidado con la escalera! **Como te caigas**, te vas a hacer undaño ... *Pass auf mit der Treppe! Wenn du fällst, tust du dir weh ...*
Como venga la jefa ahora y nos **vea** aquí tomando café, tendremos problemas. Eso seguro. *Wenn jetzt die Chefin kommt und uns hier beim Kaffeetrinken sieht, werden wir Probleme kriegen. Das ist sicher.*

- Um eine Möglichkeit auszudrücken, die ziemlich fern liegt, formuliert der Sprecher die Bedingung mit: en caso de que *für den Fall, dass* + Subjuntivo

Carmen, cuídame al niño esta noche, por favor. **En caso de que se despierte**, te dejo el biberón preparado. *Carmen, pass bitte heute Abend auf das Kind auf. Für den Fall, dass es aufwacht, lasse ich dir die vorbereitete Flasche da.*

Übungen

Übung 31
Was wäre passiert, wenn ...? Helfen Sie uns, diese Hypothesen aufzustellen! Beachten Sie, dass wir hier über die Vergangenheit sprechen!

Modell: Como Manolo ha leído tantas novelas, es tan fantástico.
Si Manolo no **hubiera leído** tantas novelas, **no sería** tan fantástico.
Wenn Manolo nicht so viele Romane gelesen hätte, wäre er nicht so fabelhaft.

a) Como han viajado por toda España, ahora conocen todas las regiones.
b) Como Luis estaba enamorado, le regalaba rosas a su novia.

c) Como estaba loco, hacía muchas tonterías.
d) Como Marcos no conocía la ciudad de Granada, se buscó un guía experto.
e) Como ellos no sabían nadar, no viajaron nunca por mar.

Übung 32
Träumen Sie doch einfach mal ein bisschen!

a) Si yo .... (tener) mucho dinero, ... (viajar) a Latinoamérica para ver las ruinas de la época precolombina.

b) Si yo .... (saber) cantar como Montserrat Caballé, ... (dar) conciertos por toda Europa.

c) Si Antonio Banderas .... (vivir) en España, seguramente .... (vivir) en Madrid.

d) Si yo .... (hablar) seis idiomas perfectamente, ... (trabajar) en la ONU.

e) Si no .... (existir) el subjuntivo, no .... (tener) que estudiar tanto.

Übung 33
Verbinden Sie die Satzhälften.

1. Si ves a Pedro,
2. Si vais hoy al mercado,
3. Si gano en la lotería,
4. Si ya has leído el periódico,

- a) ya sabrás lo que pasó, ¿o no? ☐
- b) ¿podéis traer fruta, por favor? ☐
- c) ¡seré rico y ya no trabajaré! ☐
- d) salúdalo de mi parte. ☐

Übung 34
Vervollständigen Sie diese irrealen Konditionalsätze mit den geeigneten Verbformen.

a) Si .... (tener, nosotros) suficiente dinero, ... (comprar) una casa.

b) Si tú realmente .... (querer), ... (buscar) un trabajo mejor pagado.

c) Yo .... (quedarse) una semana más en este hotel si no .... (ser) tan caro.

d) Si Jimena ya .... (saber) el resultado de sus exámenes, seguramente lo .... (decir).

11 Indirekte Rede
oder *Aussagen wiedergeben*

Und das soll Kunst sein? - Er fragt sich, welcher geniale Künstler wohl ein so schönes Porträt malen konnte.

Auch andere klugen Köpfe haben schon Gescheites – oder weniger Gescheites – von sich gegeben. Wenn Sie deren Klugheiten wiedergeben möchten, brauchen Sie die indirekte Rede. So manche peinliche Situation lässt sich außerdem damit retten. Überzeugen Sie sich!

Die indirekte Rede dient der Wiedergabe von bereits Gesagtem. Das wird durch den Sprecher interpretiert und oftmals auch gekürzt, um an die Gesprächssituation angepasst zu werden.

11.1 Wiedergabe einer Aussage
oder *Er sagt, dass …*

Eine Aussage wird mit Verben des Mitteilens wiedergegeben, wie z. B. decir *sagen*, comentar *kommentieren*, explicar *erklären*, añadir *hinzufügen* + que *dass*.

Zwei Unterschiede zum Deutschen sollten wir uns merken: Erstens darf die Konjunktion que *dass* nicht weggelassen werden. Zweitens verwendet man in der indirekten Rede im Spanischen nicht den Subjuntivo, sondern den Indikativ (mit Ausnahme der Befehlsformen)!

Direkte Rede	Indirekte Rede
Carlos: "Este tema de gramática me parece fácil." *Carlos: „Dieses Grammatikthema erscheint mir leicht."*	Carlos **ha dicho que** ese tema de gramática le **parece** fácil. *Carlos hat gesagt, ihm erscheine dieses Grammatikthema leicht.*

In der indirekten Rede hängt die Zeit im Nebensatz von der Zeit des Verbs ab, das die indirekte Rede im Hauptsatz einleitet:

- Steht im Hauptsatz der indirekten Rede Präsens oder Perfekt, dann bleiben im Nebensatz die Zeiten der direkten Rede unverändert:

Direkte Rede	Indirekte Rede
Carlos:	Carlos **dice/ha dicho**
"Tengo un examen de español."	que tiene un examen de español.
"He tenido mucho trabajo."	que ha tenido mucho trabajo.
"Estudié mucho para el examen."	que estudió mucho para el examen.
"Me gustaría hablar bien francés."	que le gustaría hablar bien francés.

- Steht im Hauptsatz der indirekten Rede Imperfekt, Indefinido oder Plusquamperfekt, so muss auch im Nebensatz eine Vergangenheitszeit stehen. Die Zeiten werden sozusagen „um eine Zeitstufe zurückgedreht":

Präsens → Imperfekt
Perfekt → Plusquamperfekt
Indefinido → Plusquamperfekt
Futur → Konditional I

Direkte Rede	Indirekte Rede
Carlos:	Carlos decía/dijo/había dicho
"Tengo un examen de español."	que tenía un examen de español.
"He tenido mucho trabajo."	que había tenido mucho trabajo.
"Estudié mucho para el examen."	que había estudiado mucho para el examen.
"Estudiaré francés el año próximo."	que estudiaría francés el año siguiente.

Imperfekt, Plusquamperfekt und Konditional bleiben in der indirekten Rede unverändert!

"Me gustaría ir al cine mañana." *„Ich würde gerne morgen ins Kino gehen."*
Dijo que le gustaría ir al cine al día siguiente. *Sie sagte, dass sie gerne am nächsten Tag ins Kino gehen würde.*

! Nicht nur die Verben, sondern auch die Pronomen und Adverbien müssen an die jeweilige Gesprächssituation angepasst werden:

Direkte Rede	Indirekte Rede
Me voy, tengo que ir a la biblioteca. *Ich gehe, ich muss in die Bibliothek.*	Dice que se va, que tiene que ir a la biblioteca. *Er sagt, er gehe, er müsse in die Bibliothek.*
He quedado con mi hermana aquí. *Ich habe mich mit meiner Schwester hier verabredet.*	Dijo que había quedado con su hermana allí. *Er sagte, er habe sich mit seiner Schwester dort verabredet.*

Manche Wörter und Wendungen werden in der Wiedergabe interpretiert, geändert oder weggelassen:

- es que ...: wird benutzt, um Erklärungen oder Vorwände anzubringen. In der indirekten Rede können dafür Ausdrücke wie y por eso *und daher* oder Verben wie explicar *erklären*, justificarse *sich rechtfertigen* verwendet werden.
- vale/de acuerdo: sind zwei Ausdrücke, die Einverständnis zeigen. Wenn wir ein Gespräch wiedergeben, verwenden wir dafür normalerweise Verben wie aceptar *akzeptieren* oder decir que sí *ja sagen*.
- oye/oiga: mit diesen Wörtern wollen wir Aufmerksamkeit erregen. In diesen Fällen müssen wir uns abhängig vom Kontext entscheiden, ob wir sie weglassen oder durch ein Verb wie llamar *rufen* ersetzen.

11.2 Wiedergabe einer Frage, einer Bitte oder eines Befehls

oder *Stille Post*

Sie hat gefragt, ob wir noch mehr Gepäck haben ...

Will man im Spanischen eine Frage wiedergeben, die kein Fragewort enthält, so wird die indirekte Rede von Verben des Fragens wie preguntar, querer saber + si *fragen*, *wissen wollen* + *ob* eingeleitet. Falls die Frage ein Fragewort besitzt wie cuándo *wann*, quién *wer*, dónde *wo*, cuánto *wie viel*, qué *wer*, *was* bleibt dieses in der indirekten Rede erhalten.

Direkte Rede	**Indirekte Rede**
"¿Cuándo empieza el curso?"	Pregunta cuándo empieza el curso.
Wann geht der Kurs los?	*Sie fragt, wann der Kurs losgeht.*
"¿Quién da las clases?"	Quiere saber quién da las clases.
Wer unterrichtet?	*Sie möchte wissen, wer unterrichtet.*
"¿Venís a la reunión esta tarde?"	Quiere saber si venimos a la reunión esta tarde.
Kommt ihr zu der Sitzung heute Abend?	*Sie möchte wissen, ob wir heute Abend zur Sitzung kommen.*

Wird in der direkten Rede eine Bitte oder Aufforderung durch den Imperativ geäußert, verwandelt sich dieser in der indirekten Rede in einen Subjuntivo. Dieser Umformulierung entspricht im Deutschen das Verb *sollen*.

Direkte Rede	**Indirekte Rede**
"¡Ven a mi casa esta tarde!"	Dice que **vayas** a su casa esta tarde.
Komm heute Nachmittag zu mir!	*Sie sagt, du sollst heute Nachmittag zu ihr/ihm gehen.*
"Llámame mañana sobre las 12."	Ha dicho que le **llames** mañana sobre las 12.
Ruf mich morgen gegen 12 Uhr an.	*Sie hat gesagt, du sollst sie/ihn morgen gegen 12 Uhr anrufen.*

! Also gut aufpassen: In der indirekten Rede wird Indikativ zu Subjuntivo nur, wenn es sich um einen Imperativ handelt!

! Manche Fragen verlangen gar keine Information, sondern enthalten einfach einen Ratschlag, eine Empfehlung oder eine Bitte. Ebenso dienen Imperative nicht nur dem Erteilen von Befehlen, sondern sind auch ein Mittel, um etwas nett zu formulieren, jemanden einzuladen usw. In diesen Fällen muss sie derjenige, der sie in der indirekten Rede wiedergibt, richtig interpretieren. ¿Tienes hora? *Weißt du, wie spät es ist?* kann sich z. B. in yo no tenía hora *ich wusste nicht, wie spät es war* oder me di cuenta de que no sabía qué hora era *ich merkte, dass ich nicht wusste, wie spät es war* verwandeln. Halten Sie sich deshalb immer an den kommunikativen Kontext, sonst kann ihre Aussage falsch verstanden werden!

Übung 35

Sie bekommen einen Telefonanruf von Ihrer Freundin Margarita am Freitagabend. Leider sitzen Sie gemütlich in der Badewanne und können nicht ans Telefon. Ihr Freund übermittelt das Gespräch.

"¿Qué estás haciendo?" → Pregunta qué estás haciendo.

a) "¿Tienes algún plan para esta noche?"
b) "¿Te apetece salir a tomar algo?"
c) "Mañana quiero ir a comprar al centro, ¿quieres venir?"
d) "¿A qué hora te paso a buscar?"
e) "Pues, hasta luego."

Übungen

Übung 36

Eine Freundin ist in Urlaub gefahren und hinterlässt einen Zettel mit einigen Bitten. Können Sie diese wiedergeben?

Dijo que ...

a) "Voy a estar dos semanas en Canarias, te llamaré desde allí."
b) "Por favor, ¿puedes regarme las plantas de vez en cuando?"
c) "Controla el buzón cada dos o tres días, normalmente recibo mucho correo."
d) "¿Le darás de comer al periquito? Muchas gracias por todo."

Übung 37

Berichten Sie wie im Beispiel, was der Kandidat seinen Wählern sagt.

a) Estoy aquí para escucharlos y hablar con ustedes.

Dice que está aquí para escucharnos y hablar con nosotros.

b) Para que me den su voto, sepan que quiero un país mejor.

Dice que ....

c) Los invito a que vengan a la asamblea para conocer mis planes concretos.

Dice que ....

d) ¡Voten por mí en las próximas elecciones! ¡No los defraudaré!

Dice que ....

12 Adverbien
oder *Handlungen beschreiben*

Adverbien helfen uns, ein Verb, ein Adjektiv oder einen ganzen Satz näher zu bestimmen, d. h. sie geben an, wie, wo und wann etwas geschieht und wie sehr eine Eigenschaft ausgeprägt ist.

Meinst du nicht, dass der Wagen des Deutschen sehr schnell in die Kurve gefahren ist? - Was ich allerdings nicht verstehe, ist, wo die Pferde drinstecken ...

12.1 Formen des Adverbs
oder *Hier und dort*

Es gibt unzählig viele Adverbien! Ihrem Inhalt nach unterscheidet man:

- Adverbien der Zeit:

hoy	*heute*	tarde	*spät*
ayer	*gestern*	nunca	*nie*
mañana	*morgen*	a veces	*manchmal*
pasado mañana	*übermorgen*	a menudo	*oft*

- Adverbien des Ortes:

aquí	*hier*	lejos	*weit*
allí, ahí	*dort*	arriba	*oben*
cerca	*nah*	abajo	*unten*

- Adverbien der Art und Weise:

bien	*gut*	peor	*schlechter*
mal	*schlecht*	así	*so*
mejor	*besser*		

- Adverbien der Menge:

bastante	*ziemlich/genug*	nada	*nichts*
demasiado	*zu viel*	algo	*etwas*
mucho	*viel*	menos	*weniger*
más	*mehr*		

- Adverbien, mit denen man Bejahung, Verneinung oder Zweifel ausdrückt:

sí	*ja*	tampoco	*auch nicht*
no	*nein*	quizás	*vielleicht*
también	*auch*	nunca	*nie*

Sie vermissen in dieser Liste bestimmt Adverbien wie rápida**mente** *schnell*, tranquila**mente** *langsam*, evidente**mente** *offensichtlich*.

Im Spanischen gibt es nämlich zwei Arten von Adverbien:
- ursprüngliche oder einfache Adverbien (aquí, bien, hoy usw.)
- und abgeleitete Adverbien auf -mente.

Die abgeleiteten Adverbien werden gebildet, indem man die Endung -mente an die weibliche Form des Adjektivs anhängt.

estupenda	estupenda**mente** *großartig*
extraordinaria	extraordinaria**mente** *ausgezeichnet*
rápida	rápida**mente** *schnell*

Dreierlei sollten Sie bei der Ableitung beachten! Erstens: Auch Adjektive, die auf einen Konsonanten oder auf -e enden, bilden das Adverb auf -mente. Zweitens: Wenn das Adjektiv einen Akzent trägt, bleibt dieser beim Adverb erhalten, obwohl die Betonung auf -mente liegt. Und zuletzt: Nicht alle Adjektive bilden die Adverbform auf -mente!

feli**z**	feliz**mente** *glücklich*
pacient**e**	paciente**mente** *geduldig*
c**ó**moda	cómoda**mente** *bequem*
alto	**alto** *hoch*, *groß*
barato	**barato** *günstig*, *billig*

12.2 Gebrauch des Adverbs
oder *Werden Sie genauer*

Schau, dort fährt der spanische Wagen! - Wo? - Zwischen dem Deutschen und dem Engländer. Und auf dem Franzosen.

Nicht nur in der Formel 1 ist die Platzierung von Bedeutung, auch bei den Adverbien kommt es auf den richtigen Platz an. Nun, im Spanischen kann das Adverb am Satzanfang, am Satzende oder in der Mitte des Satzes stehen.

- In der Regel steht das Adverb nach dem Verb, es sei denn, wir wollen das Adverb betonen:

He comido **demasiado**, me encuentro **mal**. *Ich habe zu viel gegessen, mir ist schlecht.*
Pronto saldrá el tren para Toledo, tenemos que darnos prisa. *Gleich fährt der Zug nach Toledo ab, wir müssen uns beeilen.*

- Adverbien, die sich auf ein Adjektiv oder ein Adverb beziehen, stehen normalerweise vor diesem:

No puede ser que siempre llegues **demasiado** tarde. *Es kann nicht sein, dass du immer zu spät kommst.*

- Adverbien, die Zweifel ausdrücken, stehen normalerweise vor dem Verb:

Quizás vamos este fin de semana a la sierra, pero depende del tiempo. *Vielleicht gehen wir dieses Wochenende in die Berge, aber es hängt vom Wetter ab.*

- Wenn nach dem Verb nunca *nie*, jamás *niemals*, tampoco *auch nicht* oder nada *nichts* folgt, muss vor dem Verb no stehen:

No veo **nada**, ¿quién ha apagado la luz? *Ich sehe nichts, wer hat das Licht ausgemacht?*

Spanischlernenden ist oft der Unterschied zwischen muy und mucho nicht ganz klar. Sie hingegen werden diese beiden hilfreichen Wörter ab sofort nicht mehr verwechseln!

- Muy ist ein Adverb und steht vor Adjektiven oder Adverbien:

El examen de francés me ha parecido **muy** difícil. *Die Französischklausur kam mir sehr schwer vor.*

- Mucho ist als Adverb unveränderlich und steht bei Verben oder allein:

¿Te gustan las tapas de tortilla francesa? – Sí, **mucho.** *Magst du die Omelette-Tapas? – Ja, sehr.*
Este invierno ha llovido **muchísimo** en el norte de España. *Diesen Winter hat es in Nordspanien sehr viel geregnet.*

- Mucho kann auch die Funktion eines Adjektivs übernehmen. In diesem Fall ist es veränderlich und richtet sich nach dem dazugehörigen Substantiv:

Hay que tener **mucha** paciencia para aprender a tocar un instrumento. *Man muss sehr viel Geduld haben, um ein Instrument spielen zu lernen.*

Weil die Adverbien so oft vorkommen, wollen wir das Gelernte mit ein paar Übungen festigen!

Übungen

Übung 38

Verwandeln Sie die Adjektive in Adverbien mit -mente.

a) inteligente
b) espontáneo
c) tranquilo
d) sabio
e) tímido
f) dulce
g) perezoso
h) rápido
i) silencioso
j) feliz
k) cuidadoso
l) práctico

Übung 39

Sancho war den ganzen Tag unterwegs. Was sagt er und wo war er? Setzen Sie in die linke Spalte muy und mucho ein. Für die rechte stehen panadería, restaurante, ópera, banco, cine und museo zur Auswahl:

Was? Wo?

a) Esta obra de Verdi me ha gustado

....

b) Penélope Cruz es una actriz

.... atractiva. ....

c) El cuadro de Guernica es

.... grande. ....

d) Me he comido dos cruasanes y un

panecillo .... ricos. ....

e) He ido al cajero automático, pero no me

queda .... dinero … ....

f) He pedido una sopa de pescado, pero

estaba .... salada. ....

Übung 40
Setzen Sie das abgeleitete Adverb ein.

a) ¿Cómo caminas tan .... (tranquilo)? ¡Se nos va el tren!

b) Mis amigos le dicen a su hijita .... (cariñoso) “Paqui”.

c) .... (Normal) Luis llega a las ocho, pero hoy no sé qué pasa.

d) ¡Eres .... (increíble) inteligente, Natalia!

e) Estoy .... (completo) convencida de que esa es la solución.

f) Hijo, ¡siempre hay que saludar .... (amable) a los vecinos!

13 Pronomen
oder *Ich und meine Umwelt*

13.1 Personalpronomen
oder *Ich und du*

Ohne Pronomen müssten wir uns den Mund fusselig reden: Die kleinen Helfer erleichtern die Verständigung, indem sie unsere Sätze verkürzen, auflockern und auf das Wesentliche konzentrieren.

Mein Mann ist ein Engel. - Wirklich? Meiner lebt noch.

13.1.1 Subjektpronomen

Formen und Gebrauch

(Nominativ)	Singular	Plural
1. Person	**yo** *ich*	**nosotros**, **-as** *wir*
2. Person	**tú** *du*	**vosotros**, **-as** *ihr*
3. Person	**él** *er* **ella** *sie*	**ellos** *sie* **ellas** *sie*

(Nominativ)	Singular	Plural
Höflichkeitsform	usted *Sie*	ustedes *Sie*

Anders als im Deutschen wird das Subjektpronomen im Spanischen nur zur Unterscheidung verschiedener Personen gebraucht oder wenn die entsprechende Person hervorgehoben werden soll.

¿Y estudiáis los dos alemán? *Und lernt ihr beide Deutsch?*
Bueno, **ella** sí. **Yo** estudio francés. *Also, sie schon. Ich lerne Französisch.*

Noch zwei weitere Unterschiede zum Deutschen sollten Sie sich merken:
- bei der Höflichkeitsform usted (Ud./Vd.) steht das Verb in der 3. Person Singular;
- die 1. (nosotros, -as) und 2. (vosotros, -as) Person Plural haben eine männliche und eine weibliche Endung.

¿**Es** usted la señora Larriaga? *Sind Sie Frau Larriaga?*
¿Quién se encarga de comprar las flores? *Wer kümmert sich um die Blumen?*
Nosotras, no te preocupes. *Wir, mach dir keine Sorgen.*

In einigen lateinamerikanischen Ländern wird die Form vos statt tú gebraucht. Auch bei vosotros gibt es einen Unterschied zu Spanien: Diese Form wird durch ustedes ersetzt. Wundern Sie sich also nicht, wenn Sie dort immer gesiezt werden!

13.1.2 Objektpronomen

Formen und Gebrauch

Objektpronomen indirektes Objekt (Dativ)	Objektpronomen direktes Objekt (Akkusativ)	Reflexivpronomen	Pronomen nach Präpositionen (betonte Form)
me *mir*	me *mich*	me *mich*	a mí *mir/mich*
te *dir*	te *dich*	te *dich*	a ti *dir/dich*
le *ihm*	lo *ihn*	se *sich*	a él *ihm/ihn*
le *ihr*	la *sie*	se *sich*	a ella *ihr/sie*
le *Ihnen*	lo/la *Sie*	se *sich*	a usted *Ihnen/Sie*
nos *uns*	nos *uns*	nos *uns*	a nosotros *uns*
os *euch*	os *euch*	os *euch*	a vosotros *euch*
les *ihnen*	los *sie*	se *sich*	a ellos *ihnen/sie*
les *ihnen*	las *sie*	se *sich*	a ellas *ihnen/sie*
les *Ihnen*	los/las *Sie*	se *sich*	a ustedes *Ihnen/Sie*

Mit der Präposition con entstehen zwei besondere Formen:
con + mí = **conmigo** und con + ti = **contigo**

Stellung des Objektpronomens

Objekt- und Reflexivpronomen stehen immer direkt vor dem konjugierten Verb:

Le he mandado el formulario por fax. *Ich habe Ihnen das Formular per Fax geschickt.*

Beim Gerund sowie in Konstruktionen mit Hilfsverb + Infinitiv werden die Pronomen entweder an das Gerund bzw. den Infinitiv angehängt oder sie stehen vor der konjugierten Verbform:

Cristina, ¿has planchado ya la blusa blanca? – No, **la** estoy planchando ahora. *Cristina, hast du die weiße Bluse schon gebügelt? – Nein, ich bügele sie gerade eben.*
Este verano queremos ir**nos** de vacaciones a la Costa del Azahar. *Diesen Sommer möchten wir Urlaub an der Costa del Azahar machen.*

! Beachten Sie die Stellung der Pronomen beim Imperativ! Bei der bejahten Form werden die Pronomen immer angehängt, bei der verneinten Form stehen sie indes immer direkt davor.

Treffen ein Dativ- und Akkusativpronomen zusammen, steht Dativ vor Akkusativ:

¿Me llevo los ficheros a casa? – Sí, llléva**telos**. *Soll ich die Ordner nach Hause mitnehmen? – Ja, nimm sie mit.*
¿Te compro los medicamentos? – No, no **me los** compres. *Soll ich dir die Medikamente kaufen? – Nein, kauf sie mir nicht.*

! In der 3. Person werden le und les zu se!

le + la → se la　　les + las → se las
le + lo → se lo　　les + los → se los

¿Ya le has contado a tu madre la buena noticia? – No, **se la** contaré mañana. – *Hast du deiner Mutter schon die gute Nachricht mitgeteilt? Nein, ich werde sie ihr morgen mitteilen.*

Zur Hervorhebung oder um Missverständnisse zu vermeiden, kann ein Satz im Spanischen zwei Pronomen für ein indirektes Objekt enthalten:

A ella le encanta viajar, pero a mí no. *Sie reist sehr gerne, aber ich nicht.*

❗ Wenn ein direktes Objekt am Satzanfang steht, muss es durch ein unbetontes Pronomen aufgenommen werden.

La verdura **la** pongo en la nevera, ¿de acuerdo? *Das Gemüse lege ich in den Kühlschrank, einverstanden?*
El libro **lo** tengo en casa. *Das Buch habe ich zu Hause.*

So, jetzt ist höchste Zeit, die Personalpronomen zu üben. Viel Spaß!

Übungen

Übung 41

Wir haben ein paar Gespräche belauscht, konnten aber nicht alles verstehen. Ergänzen Sie die Dialoge mit den entsprechenden Pronomen.

a) Cristina, ¿quién te ha regalado las flores?

¿Las flores? Pues .... ha regalado Carlos.

b) Javier, ¿le has preguntado a tu hermano si viene mañana al cine con nosotros?

Anda, no. .... preguntaré esta tarde.

c) ¿Ya sabes que Francisco se va un año a EE.UU. a estudiar?

Pues no, no .... sabía.

d) María, ¿quién .... ha dicho que mañana es fiesta?

No me acuerdo. Me parece que .... ha dicho Esteban.

e) Oye, ¿qué .... pasa a tu madre?

No es nada importante, sólo .... duele un poco la cabeza.

f) ¿Me dejas tu CD de Héroes?

Lo siento, pero es que .... he dejado a Juan.

13.2 Possessivpronomen oder *Was mein ist, ist auch dein*

13.2.1 Unbetonte Possessivpronomen

Was ist mit deinem Pferd los? - Komm, mach keinen Blödsinn! Außerdem ist dieses Zebra nicht dein Typ.

Formen des unbetonten Possessivpronomens

Singular		Plural	
mi hija	*meine Tochter*	mis hijas	*meine Töchter*
tu tío	*dein Onkel*	tus tíos	*deine Onkel*
su prima	*seine, ihre, Ihre Cousine*	sus primas	*seine, ihre, Ihre Cousinen*
nuestro abuelo	*unser Großvater*	nuestros abuelos	*unsere Großväter*
nuestra hija	*unsere Tochter*	nuestras hijas	*unsere Töchter*
vuestro padre	*euer Vater*	vuestros padres	*eure Väter, Eltern*
vuestra abuela	*eure Großmutter*	vuestras abuelas	*eure Großmütter*
su hijo	*ihr, Ihr Sohn*	sus hijos	*ihre, Ihre Söhne*

Gebrauch des unbetonten Possessivpronomens

Das unbetonte Possessivpronomen steht immer vor dem Substantiv und stimmt in Geschlecht und Zahl mit seinem Bezugswort überein. Das bedeutet:

Das unbetonte Possessivpronomen richtet sich nach dem Besitzobjekt und nicht nach dem Besitzer! Achten Sie deshalb besonders auf die Geschlechtsbestimmung bei nuestro und vuestro!

nuestra hija	**nuestras hijas**
unsere Tochter	*unsere Töchter*
nuestro hijo	**nuestros hijos**
unser Sohn	*unsere Söhne*

Ist Ihnen schon aufgefallen, dass das spanische Possessivpronomen su kaum etwas über den Besitzer verrät? Ob er weiblich oder männlich ist bzw. ob es einer oder mehrere sind, muss im Gespräch und abhängig vom Textzusammenhang herausgefunden werden:

Su hermana me cae muy bien. *Seine/ihre/Ihre Schwester finde ich sehr nett.*
¿A quién te refieres? *Wen meinst du?*

Lässt der Text keine eindeutigen Rückschlüsse auf den Besitzer zu, wird statt su der bestimmte Artikel sowie de + Personalpronomen bzw. usted/ustedes verwendet:

Es su gato → Es **el** gato	**de él**	*Es ist seine Katze.*
	de ella	*ihre Katze*
	de usted,	*Ihre Katze* (Singular
	de ustedes	und Plural)
	de ellos	*ihre Katze* (maskulin Plural)
	de ellas	*ihre Katze* (feminin Plural)

Die Possessivpronomen werden im Spanischen nicht so oft verwendet wie im Deutschen. Wenn wir auf Spanisch über etwas sprechen, das man bei jemandem sowieso voraussetzt, etwa Körperteile oder Kleidungsstücke, benutzen wir eher einen Artikel oder eine reflexive Konstruktion:

Deutsch	**Spanisch**
Julia, wasch dir deine Hände.	Julia, lláva**te** **las** manos.
Meine Ohren tun mir weh.	**Me** duelen **los** oídos.

13.2.2 Betonte Possessivpronomen

Formen des betonten Possessivpronomens

Singular		Plural	
mío/mía	*meine/r/s*	míos/mías	*meine*
tuyo/tuya	*deine/r/s*	tuyos/tuyas	*deine*
suyo/suya	*seine/r/s ihre/r/s, Ihre/r/s*	suyos/suyas	*seine, ihre, Ihre*
nuestro/nuestra	*unsere/r/s*	nuestros/nuestras	*unsere*
vuestro/vuestra	*eure/r/s*	vuestros/vuestras	*eure*
suyo/suya	*ihre/r/s, Ihre/r/s*	suyos/suyas	*ihre, Ihre*

Gebrauch des betonten Possessivpronomens

- Wenn wir bereits wissen, wovon die Rede ist, weil es schon im Gespräch erwähnt wurde oder implizit ist, benutzen wir anstelle des unbetonten Possessivpronomens folgende Struktur:

Artikel (el, la, una ...) oder Demonstrativpronomen (éste, ése, aquél) + betontes Possessivpronomen (mío, tuyo usw.):
Mi hermana estudia Ciencias Políticas. – **La mía** estudia Pedagogía. *Meine Schwester studiert Politikwissenschaft. – Meine studiert Pädagogik.*
Me he olvidado las zapatillas de deporte. – No te preocupes, coge **éstas mías**. *Ich habe meine Turnschuhe vergessen. – Mach dir keine Sorgen, nimm meine.*

- Will man wissen, wem was gehört, lautet die Frage:

¿De quién es (+ Subjekt)?

Die Antwort wird mit dem betonten Possessivpronomen gegeben, jedoch ohne Artikel:

ser + mío/tuyo/suyo ...
¿**De quién es** esta libreta que se ha quedado sobre la mesa? – Es **mía**, muchas gracias. *Wem gehört dieses Heft, das auf dem Tisch liegen geblieben ist? – Es ist meines, vielen Dank.*

- Spricht man von einer Person oder Sache aus einer Gruppe von mehreren, steht der betonte Possessivbegleiter ohne Artikel hinter dem Substantiv:

Esta tarde viene un amigo **mío** a verme. *Heute Nachmittag kommt mich einer meiner Freunde besuchen.*
Aquella amiga **tuya** que me presentaste la semana pasada, ¿cómo se llama? *Diese Freundin von dir, die du mir letzte Woche vorgestellt hast, wie heißt sie?*

Alles klar? Dann können Sie jetzt problemlos die Übungen meistern!

Übungen

Übung 42

Bei einem Besuch im Zoo haben wir folgende Sätze mitbekommen. Welche Möglichkeit ist richtig?

a) Nuestro/el nuestro hermano mayor tiene un gato siamés en suya/su/la suya casa.
b) Mi/mía/la mía tortuga se llama Casiopea.
Pues, mi/la mía/mías se llama Gordita.
c) ¿De quién es este plátano?
Es su/suyo/tuyo, del gorila.
d) Un amigo mi/mío/el mío tiene un bóxer en casa. Es un perro muy fiel.

e) Vuestros/vuestra/la vuestra gata es muy simpática, siempre viene a saludarnos.

Übung 43
Ergänzen Sie die Sätze mit den passenden Possessivpronomen.

a) Es mi coche. El coche es ....

b) Es tu libro. El libro es ....

c) Son sus documentos. Los documentos son ....

d) Es vuestra decisión. La decisión es ....

e) Son las llaves de María. Las llaves son ....

f) El paraguas es de él. El paraguas es ....

Übung 44
Setzen Sie die passenden betonten und unbetonten Possessivpronomen ein.

mia mis mia tuyas vuestra Mi

a) Yo siempre ordeno .... cosas, pero tu nunca ordenas las ....

b) Este cede es un regalo de una amiga .... a la que quiero mucho.

c) En la escuela todos llevabamos una mochila; y la .... era azul.

d) ¡Yo tengo frio! .... chaqueta no es tan abrigada como la ....

13.3 Demonstrativpronomen
oder *Dieser und jener*

Mithilfe des Demonstrativpronomens wird etwas in räumlichen, zeitlichen oder sonstigen Bezug zum Sprecher bzw. Angesprochenen gebracht. Je nachdem, in welcher Relation sich das bezeichnete Objekt oder Ereignis zum Sprecher befindet, unterscheidet das Spanische drei verschiedene Entfernungsstufen.

13.3.1 Formen des Demonstrativpronomens

	Maskulin	Feminin	Lage des Gegenstandes oder der Person
Singular **Plural**	**este** señor **estos** señores	**esta** señora **estas** señoras	**aquí** (in der Nähe des Sprechers)
Singular **Plural**	**ese** árbol **esos** árboles	**esa** mesa **esas** mesas	**ahí** (etwas entfernt vom Sprecher, eher in der Nähe des Angesprochenen)
Singular **Plural**	**aquel** coche **aquellos** coches	**aquella** casa **aquellas** casas	**allí** (weiter entfernt von Sprecher und Angesprochenem)

Was kann dieses Gebäude dort sein? - Du hast den Stadtplan von unserer Hochzeitsreise mitgenommen!

13.3.2 Gebrauch des Demonstrativpronomens

Das Demonstrativpronomen steht vor dem Substantiv und richtet sich in Geschlecht und Zahl nach diesem.

- este, esta, estos, estas werden mit Personen oder Dingen gebraucht, die sich in der Nähe des Sprechers befinden. Um diese Nähe zu verdeutlichen, wird oft zusätzlich das Adverb aquí *hier* verwendet.

Esta foto la hicimos **aquí**, delante del Museo Guggenheim de Bilbao. *Dieses Bild haben wir hier vor dem Guggenheimmuseum in Bilbao gemacht.*
Aquí, en **este** lugar, nos vimos por primera vez. *Hier an diesem Ort haben wir uns zum ersten Mal gesehen.*

Die Nähe zum Objekt bzw. Ereignis kann auch zeitlich gemeint sein:

esta mañana	*heute Morgen, heute Vormittag*
esta tarde	*heute Nachmittag, heute Abend*
esta noche	*heute Abend, heute Nacht*

- ese, esa, esos, esas werden mit Personen oder Gegenständen gebraucht, die örtlich bzw. zeitlich vom Sprecher etwas weiter entfernt sind oder sich in der Nähe des Angesprochenen befinden. Das entsprechende Adverb ist ahí *da*.

¿Has visto **ese** edificio de **ahí**, qué ventanas más grandes tiene? *Hast du das Gebäude da gesehen, was für große Fenster es hat?*
Ese verano fue el más caluroso. *Jener Sommer war der heißeste.*

- aquel, aquella, aquellos, aquellas werden mit Personen oder Gegenständen gebraucht, die weit entfernt von Sprecher und Angesprochenem sind. Das entsprechende Adverb ist allí *dort*.

Mira, **aquel** señor que pasa por **allí** es el dueño del restaurante donde comimos ayer. *Sieh mal, der Mann, der dort vorbeigeht, ist der Besitzer des Restaurants, in dem wir gestern gegessen haben.*
Aquel día fue precioso, no lo olvidaré nunca. *Jener Tag war wunderschön, ich werde ihn nie vergessen.*

! In manchen lateinamerikanischen Ländern wird vor allem im familiären Bereich auch acá statt aquí und allá statt allí verwendet.

Die Demonstrativpronomen können auch alleine, d.h. in Vertretung eines Substantivs stehen. Sie tragen dann einen Akzent:

¿Vas a comparar **este** libro? – No, prefiero **éste**. *Wirst du dieses Buch kaufen? – Nein, lieber dieses.*

Es gibt auch noch die neutralen Formen esto, eso, aquello. Diese beziehen sich immer auf Sachen, Handlungen oder Begriffe, die der Sprecher nicht bezeichnen bzw. identifizieren kann oder will. Diese Formen stehen nie neben einem Substantiv, sondern sie ersetzen es! Sie tragen auch nie Akzent!

Y, ¿cuánto es todo **esto**? – Pues, 1350 euros, por favor. *Und wie viel macht das alles? – Nun, 1.350 Euro, bitte.*
¿Qué es **aquello** de allí? – No lo sé, pero creo que son viejas ruinas. *Was ist das dort drüben? – Ich weiß es nicht, aber ich glaube, dass es alte Ruinen sind.*

Übungen

Übung 45

Ergänzen Sie die Dialoge mit den entsprechenden Demonstrativpronomen:

a) Mira, ¿has visto .... zapatos de aquí, qué bonitos son?
Pues, no sé qué decirte. La verdad es que
.... de ahí me gustan más.

b) Recuerdo con cariño el verano del 75.
¡.......................... fue un verano precioso!

c) Cristina, toma. .... es para ti.
Anda, muchísimas gracias. ¿Pero por qué te has molestado?

d) Felipe, ¿me pasas .... libro de ahí?
Sí, claro. Aquí lo tienes.

e) Creo que el señor Ortega tiene problemas con Hacienda.

Hombre, Carlos, ten cuidado, ... que dices es muy fuerte.

13.4 Indefinitpronomen
oder *Wer nichts getan hat, ist niemand*

Mit dem Indefinitpronomen bezeichnet man Personen, Sachen oder Sachverhalte, die nicht näher bestimmbar sind. Sie haben diese Art von Pronomen sicher schon oft verwendet; welche der drei Möglichkeiten ist Ihrer Meinung nach richtig?

¿Ha llamado **alguien**?	*Hat jemand angerufen?*
a. No, no ha llamado **nada.**	*Nein, es hat niemand*
b. No, no ha llamado **nadie.**	*angerufen.*
c. No, no ha llamado **ningún.**	

Genau! Es ist der zweite Mini-Dialog! Damit Sie in Zukunft nicht nur raten, sondern Ihre Antwort begründen können, sollten Sie dieses Kapitel unbedingt durchlesen!

Können wir nicht anderswohin gehen? Zu irgendeinem anderen Strand ... - Dieser Strand ist nicht irgendein Strand!

Wir unterscheiden im Spanischen zwischen Indefinitpronomen, die zusammen mit einem Substantiv (adjektivisch bzw. als Begleiter) verwendet werden und solchen, die alleine (substantivisch bzw. als Pronomen) stehen. Es gibt auch welche, die beide Funktionen haben können.

13.4.1 Indefinitbegleiter

- cada

cada ist unveränderlich und bedeutet je nach Kontext *jede/r/s*, *alle*, *je*. Wir verwenden cada, wenn wir uns auf Teile eines Ganzen beziehen, die wir einzeln bzw. nacheinander nennen möchten:

Veraneamos **cada** verano en Sitges. *Wir verbringen jeden Sommerurlaub in Sitges.*
El autobús pasa **cada** diez minutos. *Der Bus kommt alle zehn Minuten.*
Hay un ordenador para **cada** dos alumnos. *Es gibt einen Computer für je zwei Schüler.*

❗ Wenn das Substantiv, auf das sich cada bezieht, bereits genannt wurde, nimmt man dieses mit cada uno/una auf:

Prepararon cinco salsas y **cada una** era diferente, ¡estaban todas buenísimas! *Sie bereiteten fünf Soßen zu, und jede einzelne war anders, alle waren köstlich!*

- cualquier

Auch cualquier ist unveränderlich. Die Bedeutung ist *irgendein/e, jede/r/s beliebige*. Im Unterschied zu cada wird cualquier dann verwendet, wenn man über etwas spricht, dessen Identität unwichtig ist:

La revista "Hola" la puedes comprar en **cualquier** quiosco. *Die Zeitschrift Hola kannst du an jedem beliebigen Kiosk kaufen.*

Dieser Indefinitbegleiter kann auch nach dem Substantiv stehen und lautet dann cualquiera. Damit können Sie noch deutlicher hervorheben, dass es Ihnen nicht auf eine bestimmte Auswahl ankommt!

¿Me compras una revista **cualquiera**? *Kaufst du mir irgendeine Zeitschrift?*

- cierto

cierto ist veränderlich und passt sich an das Substantiv an: cierto, cierta, ciertos, ciertas. Es bedeutet *ein/e gewisse/r/s*. Mit cierto spricht man über eine Person oder Sache, die unbekannt bzw. deren Identität nicht klar ist. Sie können mit diesem Indefinitbegleiter auch einen gewissen Abstand zum Objekt zeigen:

¿Y quién ha escrito este artículo tan polémico? – Pues, un **cierto** Andrés Palomares. Dicen que es especialista en estos temas. *Und wer hat diesen polemischen Artikel geschrieben? – Nun, ein gewisser Andrés Palomares. Man sagt, dass er ein Experte auf diesem Gebiet sei.*

13.4.2 Eigentliche Indefinitpronomen

Wissen Sie, ob jemand meine Freundin gesehen hat? Sie ist groß, blond ... - Ja, ich glaube schon, aber sie scheint sehr beschäftigt zu sein.

- alguien, nadie

alguien *jemand* und nadie *niemand* sind unveränderliche Pronomen, die entweder vor oder nach dem Verb stehen können. Mit ihnen spricht man über eine undefinierte Person im Allgemeinen, ohne dabei eine bestimmte Gruppe zu meinen.

Mit alguien bezieht sich der Sprecher auf eine Person, deren Existenz er für möglich hält. Alguien steht in bejahten Sätzen und Fragesätzen. Dagegen drückt man mit nadie das Nichtvorhandensein von Personen aus. Es steht daher immer in verneinten Sätzen und Fragesätzen.

Carlos, ¿ha llamado alguien esta tarde? – No, nadie.
Carlos, hat jemand heute Nachmittag angerufen? – Nein, niemand.

! Sie können auf eine solche Frage entweder nur mit dem Pronomen nadie antworten oder auch ein no davorsetzen. Die zweite Variante zeigt etwas mehr Kooperation von Ihrer Seite und wirkt netter!

- algo, nada

Auch algo *etwas* und nada *nichts* sind unveränderlich. Mit ihnen bezeichnet man eine undefinierte Sache, ohne dabei etwas Bestimmtes zu meinen. Algo steht immer in bejahten Sätzen und Fragesätzen, nada dagegen immer in verneinten (▸ alguien/nadie).

! Diese Pronomen können auch mit Relativsätzen erscheinen, wenn man nach jemandem oder etwas fragt. Vergessen Sie dabei den Subjuntivo nicht!

¿Hay **alguien** que **sepa** francés? *Gibt es jemanden, der Französisch kann?*
¿De veras no hay **nada** que te **interese**? *Gibt es wirklich nichts, was dich interessiert?*

! Wenn Sie in einer Frage alguien oder algo verwenden, zeigen Sie, dass Sie für jede Art von Antwort offen sind. Dagegen erwarten Sie auf eine Frage mit nada bzw. nadie eher eine negative Antwort, auch wenn sie nachher positiv ausfallen sollte. Vergleichen Sie einmal die Wirkung der beiden Fragen! Wie wird der Gast auf die jeweilige Frage reagieren?

¿Quieres tomar **algo**? *Willst du was trinken?*
¿No quieres tomar **nada**? *Willst du nichts trinken?*

13.4.3 Pronomen, die sowohl adjektivisch als auch substantivisch gebraucht werden

- alguno/ninguno

alguno/s, alguna/s und ninguno/s, ninguna/s bedeuten auf Deutsch je nach Kontext *irgendein/e/r, einige, manche, ein paar* bzw. *keiner* oder *niemand*.

Alguno wird in affirmativen Sätzen gebraucht. Es kann ein Substantiv vertreten oder es begleiten. Als Begleiter richtet es sich in Geschlecht und Zahl nach dem Substantiv. Achtung: In der männlichen Form wird alguno zu algún!

Algunos dicen que Aznar volverá a ganar las elecciones. *Manche sagen, dass Aznar die Wahlen wieder gewinnen wird.*
Esta noche vendrán **algunas** amigas mías a ver la tele. *Heute Abend kommen ein paar Freundinnen von mir zum Fernsehen.*
¿Tienes **algún** libro interesante sobre astrología? *Hast du irgendein interessantes Buch über Astrologie?*

Ninguno wird in negativen Sätzen gebraucht und funktioniert ähnlich wie alguno: Es kann ein Substantiv ersetzen oder begleiten. Achten Sie auch hier auf die männliche Form ningún!

Cristina no ha venido **ningún** día a verme cuando estaba enferma. *Cristina hat mich keinen Tag besucht, als ich krank war.*

Von ninguno gibt es im substantivischen Gebrauch keinen Plural, da man mit diesem Pronomen die Existenz einer Sache negiert. Sobald man das Einzelne negiert, gibt es davon auch keine Vielzahl.

¿Te quedan peras? – No, no me queda **ninguna**. *Hast du noch Birnen übrig? – Nein, ich habe keine mehr.*

- otro

Auch otro, otra, otros, otras können ein Substantiv ersetzen oder begleiten. Je nach Kontext bedeuten sie *ein/e andere/r/s* oder *noch ein/e/s*.

Im Unterschied zum Deutschen „*ein/e andere/r/s*“ bzw. „*noch ein/e/s*“ darf otro nie mit dem unbestimmten Artikel un/a gebraucht werden!

Este vaso está roto, ¿me trae **otro**, por favor? *Dieses Glas ist kaputt, bringen Sie mir bitte ein anderes?*
Otra botella de vino, por favor. *Noch eine Flasche Wein, bitte.*

- todo

todo, toda, todos, todas vertreten ein Substantiv oder begleiten es. Auch diese Pronomen haben je nach Kontext verschiedene Bedeutungen: *jede/r/s*, *alle*.

El día que me marché vinieron **todos** a despedirme.
Als ich wegging, kamen alle, um mich zu verabschieden.
En **toda** casa debería haber una salida de emergencia.
In jedem Haus sollte es einen Notausgang geben.

13.4.4 Weitere Indefinitpronomen

Die Liste der Indefinitpronomen ist lang! Hier eine Auswahl:

demasiado/-a/-os/-as	*zu viel, zu viele*
mucho/-a/-os/-as	*viel, viele*
poco/-a/-os/-as	*wenig, wenige*
varios/-as	*verschiedene*
tanto/-a/-os/-as	*so viel, so viele*

Und jetzt sind wieder die Übungen dran!

Übungen

Übung 46

Vervollständigen Sie die Sätze mit dem passenden Indefinitpronomen. Sie haben folgende zur Auswahl:

algo/nada/alguien/nadie/algunos/algún

a) Cuando llegué ayer por la noche a casa me dijeron que .... había llamado. ¿Quién sería?

b) Perdonen, ¿están esperando a ....?

c) Hoy no tengo ganas de ver a ...., no pienso salir a la calle.

d) Ayer hubo un accidente terrible pero .... vio ....

e) Me han regalado muchos caramelos, ¿quieres ....?

f) Me encantaría sacarme el carnet de moto, ... día lo haré.

g) ¡Qué curioso! Conozco a .... que se parece a ti muchísimo.

h) Mientras esperamos a que lleguen los demás, ¿te apetece tomar ....?

Übung 47

Richtig oder falsch? Wie müssen die Sätze richtig lauten?

a) ¿Me puede traer una otra botella de agua, por favor?
b) No tengo ninguno interés en la candidatura a presidente de la junta.
c) Ya he visto esta película ningunas veces.
d) No quiero nada, gracias.
e) Ha llamado algún por teléfono, pero no sé quién es.

13.5 Relativpronomen
oder *Wie man Sätze verbindet*

Ohne Relativpronomen wären Sprachen sehr unökonomisch. Hier ein Beispiel:

1. *Ich wohne in einer Straße.*
2. *Die Straße ist sehr ruhig.*

Nun das Ganze noch einmal, aber diesmal mit Relativpronomen:
Die Straße, in der ich wohne, ist sehr ruhig.

Dasselbe gilt für Spanisch und deshalb sollten Sie sich diese Pronomen gut merken!

13.5.1 Formen des Relativpronomens

Singular	Plural
que	que
quien	quienes
el que/la que	los que/las que
el cual/la cual	los cuales/las cuales
cuyo/cuya	cuyos/cuyas

❗ Relativsätze werden im Spanischen auch mit den Relativadverbien donde und cuando eingeleitet.

13.5.2 Gebrauch des Relativpronomens

Der Mann, der nebenan wohnt, kauft seiner Frau jeden Tag Rosen. Und du? - Aber ich kenne sie doch gar nicht.

• que

que ist das Lieblings-Relativpronomen der Spanier. Es bezieht sich sowohl auf Personen als auch auf Sachen, kann sowohl als Subjekt als auch als Objekt agieren und ist daher höchst einsatzfähig. Außerdem lässt es sich problemlos verwenden, da es unverändert bleibt. Auf Deutsch wird es mit *der/die/das*, *welche/r/s* übersetzt.

La chica **que** acaba de pasar es amiga de mi hermana. *Das Mädchen, das gerade vorbeigekommen ist, ist eine Freundin meiner Schwester.*
¿Has pedido el libro **que** te dije? *Hast du das Buch bestellt, das ich dir genannt hatte?*

Nach einer Präposition (a, de, en, para) steht je nach Bezugswort el que, la que, los que oder las que:

La editorial **para la que** hicimos la traducción es muy famosa. *Der Verlag, für den wir die Übersetzung gemacht haben, ist sehr berühmt.*

Bei Ortsangaben kann anstelle von en el/la que auch donde verwendet werden:

La calle **donde** viven mis padres es muy tranquila. *Die Straße, wo/in der meine Eltern wohnen, ist sehr ruhig.*

- quien/quienes

Diese Relativpronomen beziehen sich ausschließlich auf Personen. Sie werden nie von einem Artikel begleitet, dafür aber oft von vorangestellten Präpositionen. Quien/quienes können Subjekt oder Objekt sein:

Cristina, **quien** tanto te ayudó en los momentos difíciles, ha preguntado por ti. *Cristina, die dir in schweren Zeiten so sehr geholfen hat, hat nach dir gefragt.*
Los chicos **con quienes** vivo en Zaragoza son muy simpáticos. *Die Jungs, mit denen ich in Zaragoza wohne, sind sehr nett.*

Der Relativsatz mit quien als Subjekt wurde durch Kommas abgetrennt, weil er zusätzliche, für die Aussage des gesamten Satzgefüges nicht erforderliche Informationen enthält.

- cual/cuales

Diese Pronomen werden in der gesprochenen Sprache zusehends durch que oder quien verdrängt. Sie beziehen sich sowohl auf Personen als auch auf Sachen und werden immer mit dem bestimmten Artikel und eventuell einer Präposition verwendet.

El coche **en el cual** tuvimos el accidente está totalmente destrozado. *Das Auto, mit dem wir den Unfall hatten, ist völlig kaputt.*

- cuyo/cuya/cuyos/cuyas

Auch dieses Pronomen beschränkt sich leider immer mehr auf die Schriftsprache. Es bezieht sich auf Personen und Sachen und zeigt Besitz an. Auf Deutsch kann es mit *dessen*, *deren* übersetzt werden.

Beachten Sie den entscheidenden Unterschied zum Deutschen: Auf Spanisch richtet sich dieses Pronomen in Geschlecht und Zahl nach dem Besitztum!

Éste es el chico **cuya** madre vimos ayer en el supermercado. *Das ist der Junge, dessen Mutter wir gestern im Supermarkt gesehen haben.*

! In der Umgangssprache ist folgende Konstruktion üblicher: Artikel + Substantiv + del cual/de la cual/de las cuales/de las cuales

Un amigo mío, **el padre del cual** es dentista, …
Ein Freund von mir, dessen Vater Zahnarzt ist, …

Übung 48

Diese Sätze brauchen dringend ein Relativpronomen. Wählen Sie aus den folgenden aus und ordnen Sie sie zu: que, quien, cuales, cuyo, cuya, cuyos, cuyas, donde

a) Mira, te presento a Mercedes. Es la chica con la .... hice el curso de francés.

b) El señor con .... tienes que hablar es el que lleva la camisa roja.

c) Esos caramelos son míos. Coge los .... quieras, tengo más en casa.

d) La chica, ... padre se mató en el accidente de tráfico, se llama Nuria y es compañera mía. La pobre chica lo está pasando fatal.

e) Fue Cartagena la ciudad .... nos conocimos. ¡Qué romántico!

f) Seat es la empresa para la .... trabajé muchos años.

Übung 49

Verbinden Sie die beiden Satzhälften!

a) Ése es el coche ☐

b) Ángeles es la chica ☐

c) Éste es el parque ☐

d) Carlos es el chico ☐

1. donde perdí las llaves.
2. con quien salí el verano pasado.
3. con la cual hice el curso.
4. que se ha comprado mi hermano.

13.6 Interrogativpronomen

oder *Wer denn, wo denn, was denn?*

Man hat dich ausgewählt, um dir den Preis für das beste Kostüm zu verleihen. - Was? Wie? Wer? Wann? Wieso?

13.6.1 Formen des Interrogativpronomens

Die wichtigsten Fragewörter sind:

Fragewort Spanisch	Fragewort Deutsch	Frage nach ...
¿qué?	*was, welche/r/s, was für ein/e/s?*	Objekt
¿quién/-es?	*wer?*	Person
¿cuál/-es?	*welche/r/s, was für ein/e/s?*	Person, Objekt
¿cuánto/-a(s)?	*wie viel/e?*	Menge
¿cuándo?	*wann?*	Zeit
¿dónde?	*wo?*	Ort
¿adónde?	*wohin?*	Richtung
¿de dónde?	*woher?*	Richtung
¿cómo?	*wie?*	Art und Weise, Zustand
¿por qué?	*warum?*	Grund

! Fragepronomen tragen im Spanischen immer einen Akzent, auch in der indirekten Frage! Zudem ändern viele ihre Schreibweise, wenn sie in der Antwort wieder aufgenommen werden:

¿Adónde vamos esta tarde? – Me da igual. **Adonde** tú quieras. *Wohin gehen wir heute Abend? – Es ist mir egal. Wohin du willst.*
¿Por qué llegas tan tarde? – Vaya pregunta. Pues **porque** se me ha escapado el autobús. *Wieso kommst du so spät? – Was für eine Frage. Weil ich den Bus verpasst habe.*

13.6.2 Gebrauch des Interrogativpronomens

- Unterschiede zwischen qué/cuál und quién/cuál

Wenn wir nach der Identität einer Person fragen, benutzen wir quién/quiénes:

¿**Quién** es esa chica? *Wer ist dieses Mädchen?*

Wenn wir uns nach der Identität einer Sache erkundigen, verwenden wir qué. Dieses Fragewort ist unveränderlich und erlaubt uns, sehr allgemein nachzufragen:

¿**Qué** estás haciendo? *Was machst du gerade?*
¿**Qué** es eso? *Was ist das?*

Im Unterschied zu quién/quiénes, die sich nur auf Personen beziehen, fragt man mit qué nach allem Möglichen:

¿**Qué** planes tienes para las próximas vacaciones? *Welche Pläne hast du für den nächsten Urlaub?*
¿**Qué** libros usáis en el colegio? *Welche Bücher benutzt ihr in der Schule?*

Wenn Sie eine konkrete Person oder Sache aus einer Gruppe meinen, stellen Sie die Frage nicht mit quién oder qué, sondern mit cuál/cuáles. Da die Gruppe schon bekannt ist, wird auf cuál/cuáles nie ein Substantiv folgen:

¿Me dejas un bolígrafo? – Sí, claro, ¿**cuál** quieres, el azul o el negro? *Kannst du mir einen Kugelschreiber leihen? – Ja, klar. Welchen möchtest du, den blauen oder den schwarzen?*
Ha llamado tu hermano. – ¿**Cuál** de los dos? *Dein Bruder hat angerufen. – Welcher von beiden?*

- Unterscheidung zwischen por qué und cómo es que

Auf Spanisch kann man auf zweierlei Art und Weise nach dem Grund (*warum*, *wieso*, *wie kommt es, dass …*) fragen:

- ¿por qué …? und ¿cómo es que …?

Pero, **¿por qué** no me llamaste? Estuve en casa toda la tarde. *Aber, wieso hast du mich nicht angerufen? Ich war den ganzen Nachmittag zu Hause.*
¿Cómo es que no llega Juan? *Wieso kommt Juan nicht?*
¿Le habrá pasado algo? *Ist ihm vielleicht etwas zugestoßen?*

Zwischen den beiden Fragekonstruktionen gibt es einen kleinen, aber feinen Unterschied: Die Frage mit por qué ist expliziter und direkter als die mit cómo es que. Diese wirkt wiederum freundlicher und zeigt eine eher vorsichtige Haltung gegenüber dem Ansprechpartner. Zudem drückt cómo es que Überraschung besser aus.

! Fragen sind nicht nur dazu da, um Informationen zu bekommen, sondern auch um das Gespräch zu lenken, die Kommunikation aufrechtzuerhalten oder eine bestimmte Reaktion beim Ansprechpartner hervorzurufen.

- Mit manchen Fragen möchte man ein Problem oder einen Zweifel mit jemandem teilen:

¿Quién será? *Wer mag das sein?* (jemand klopft an der Tür)

- Oder man will eine Bestätigung haben:

Tú no eres de aquí, **¿verdad?** *Du bist nicht von hier, nicht wahr?*

- Bestimmt kennen Sie auch die Fragen, mit denen man jemanden auffordert, etwas zu tun (▶ **8.4**):

¿Nos vamos? *Gehen wir?*
¿Abres la ventana? *Machst du das Fenster auf?*

Und jetzt wollen wir wie immer Ihre Kenntnisse testen!

Übungen

Übung 50
Ordnen Sie die Fragewörter in die entsprechenden Sätze ein:

qué, quién, cuándo, cuánto, dónde, de dónde, adónde

a) ¿............................ han ido tus padres de vacaciones?

b) ¿Y .... te ha contado esa historia? Puedes estar segura de que es todo mentira.

c) ¿............................ sacaremos el dinero para pagar estas facturas?

d) ¿............................ hora debe ser? Está anocheciendo.

e) Perdone, ¿sabe usted .... está la calle Muntaner?

f) Y, ¿para .... cree que estarán listos los pantalones?

g) ¿............................ me va a costar todo esto? ¡Vaya ruina!

Übung 51
Welches der beiden Fragewörter qué/cuál ist richtig?

a) ¿............................ prefieres, Coca Cola o Fanta?

b) ¿............................ te apetece comer? ¿Prefieres algo frío o caliente?

c) Hay aceitunas verdes y negras, ¿............................ te gustan más?

d) ¿............................ es tu bebida favorita?

e) ¿............................ tomas? ¿Té o café?

f) He comprado vino blanco y tinto. ¿Con .... empezamos?

14 Zahlen und Zahlwörter
oder *Zählen und zahlen*

one, two, three ... uno, due, tre ... un, deux, trois ... die Grundzahlen sind oft das Erste, was man in einer Fremdsprache lernt. Bestimmt können Sie in drei verschiedenen Sprachen bis zehn zählen ... aber was passiert, wenn Sie in Mallorca ihre Zimmernummer 293 an der Rezeption des Hotels sagen müssen? Nach diesem Kapitel sind selbst astronomische Zahlen für Sie kein Problem mehr!

Und die zwei letzten Zahlen sind die 5 und die 28. - 5 und 28 ...! Bingo! Hurra, ich bin reich! Endlich werde ich mir dieses rote Cabrio kaufen können.

14.1 Grundzahlen
oder *Eins, zwei, drei ...*

0 cero	5 cinco
1 uno	6 seis
2 dos	7 siete
3 tres	8 ocho
4 cuatro	9 nueve

10 diez
11 once
12 doce
13 trece
14 catorce
15 quince
16 dieciséis
17 diecisiete
18 dieciocho
19 diecinueve
20 veinte
21 veintiuno
22 veintidós
23 veintitrés
24 veinticuatro
25 veinticinco
26 veintiséis
27 veintisiete
28 veintiocho
29 veintinueve
30 treinta
31 treinta y uno
32 treinta y dos
33 treinta y tres
39 treinta y nueve
40 cuarenta
41 cuarenta y uno
50 cincuenta
51 cincuenta y uno
60 sesenta
70 setenta
80 ochenta
90 noventa
100 cien
101 ciento uno
150 ciento cincuenta
200 doscientos/-as
250 doscientos/-as cincuenta
300 trescientos/-as
400 cuatrocientos/-as
500 quinientos/-as
600 seiscientos/-as
700 setecientos/-as
800 ochocientos/-as
900 novecientos/-as
1.000 mil
1.001 mil uno
1.100 mil cien
2.000 dos mil
10.000 diez mil
100.000 cien mil
1.000.000 un millón
10.000.000 diez millones
1.000.000.000 mil millones
1.000.000.000.000 un billón
1.254.328.278.600 un billón doscientos cincuenta y cuatro mil trescientos veintiocho millones doscientos setenta y ocho mil seiscientos

Wenn Sie auf Spanisch zählen möchten, sollten Sie Folgendes beachten:

- Im Gegensatz zum Deutschen sind die Grundzahlen alle männlich:

el cero	*die Null*
el veinte	*die Zwanzig*

- Uno wird vor einem maskulinen Substantiv zu un, vor einem femininen zu una:

un euro	*ein Euro*
una libra	*ein Pfund (GBP)*

- Die Zahl cien (100) wird zu ciento in Verbindung mit den Zahlen 1 bis 99:

cien mil habitantes	hunderttausend Einwohner
ciento veinte personas	hundertzwanzig Personen

- Die Hunderterzahlen (außer 100) werden in einem Wort geschrieben und haben eine männliche und eine weibliche Form:

doscientos dólares	*zweihundert Dollar*
doscientas personas	*zweihundert Personen*

- Die Zahl mil (1000) ist unveränderlich. Es gibt allerdings den Ausdruck miles de + Substantiv, die eine große Menge sehr allgemein ausdrückt:

mil euros	*tausend Euro*
miles de espectadores	*Tausende von Zuschauern*

- Es gibt auf Spanisch kein Wort für Milliarde; sie wird mit tausend Millionen (1.000.000.000 mil millones) umschrieben. Bei großen Zahlen unterteilt man alle drei Ziffern mit einem Punkt (außer beim Datum):

5.300	aber: 6 de enero de 1995
1.000.328.987	

Die Grundzahlen verwendet man:
- für Datumsangaben:

Hoy es 25 de agosto. *Heute ist der 25. August.*

Für den ersten Tag des Monats kann man aber neben uno auch el primero sagen:

el primero de marzo *der erste März*

Die Jahreszahlen werden wie normale Zahlen gelesen:

1492	mil cuatrocientos noventa y dos
1999	mil novecientos noventa y nueve

Das Jahrhundert wird mit Grundzahlen ausgedrückt, aber mit römischen Ziffern geschrieben:

siglo XVII (diecisiete)	*17. Jahrhundert*
siglo XXI (veintiuno)	*21. Jahrhundert*

- für Zeitangaben:

Die Uhrzeit wird immer mit den Grundzahlen ausgedrückt. Davor steht der bestimmte Artikel:

¿Tienes hora? – Es **la una**. – Son **las tres**. *Wie spät ist es? – Es ist ein Uhr. – Es ist drei Uhr.*

• für Altersangaben:
Wenn man das Alter nennt, benutzt man das Verb tener, gefolgt von einer Grundzahl:

Tengo veintinueve años. *Ich bin neunundzwanzig Jahre alt.*

Um über die Zahl der anwesenden Personen oder Objekte zu sprechen, benutzt man auf Spanisch das Verb ser + eine Grundzahl. Anders als im Deutschen wird keine Präposition verwendet:

Somos cinco. *Wir sind zu fünft.*

14.2 **Ordnungszahlen** oder *Erstens, zweitens, drittens …*

1° primero	11° undécimo/onceavo
2° segundo	12° duodécimo/doceavo
3° tercero	13° décimo tercero
4° cuarto	14° décimo cuarto
5° quinto	15° décimo quinto
6° sexto	16° décimo sexto
7° séptimo	17° décimo séptimo
8° octavo	18° décimo octavo
9° noveno	19° décimo noveno
10° décimo	20° vigésimo

• Im Spanischen verwendet man die Ordnungszahlen in der Regel nur bis zur Zahl 10. Höhere Zahlen werden üblicherweise mit den Grundzahlen ausgedrückt:

Este año se celebra el 35 **(treinta y cinco)** aniversario de la revolución. *Dieses Jahr feiert man den 35. (fünfunddreißigsten) Jahrestag der Revolution.*

- Die Ordnungszahlen stimmen in Geschlecht und Zahl mit ihrem Bezugswort überein:

Esta es **la quinta** vez que me pasa esto. *Es ist das fünfte Mal, dass mir so etwas passiert.*
Ya he acabado de leer **el segundo** capítulo. *Ich habe gerade das zweite Kapitel zu Ende gelesen.*

- Primero und tercero werden vor einem männlichen Substantiv zu primer und tercer: el primer dia *der erste Tag.*
- Für den 100. und 1000. Jahrestag gibt es die Begriffe centenario und milenario. Für den 200., 300. usw. Jahrestag verwendet man segundo centenario, tercer centenario usw.
- Die Ordnungszahlen stehen normalerweise vor dem Substantiv. Bei Päpsten und weltlichen Herrschern werden sie jedoch mit römischen Ziffern ohne Punkt an den Namen angehängt:

Felipe II **(segundo)**	*Philipp II.*
Carlos V **(quinto)**	*Karl V.*

! Ab der elften Zahl verwendet man die Grundzahlen!

Alfonso XIII **(trece)**	*Alfons XIII.*

Übung 52

Sie sind im Kaufhaus und möchten ein paar Sachen kaufen; wie viel kosten sie?
Schreiben Sie die Zahlen aus.

a) un microondas 135 € ....

b) una corbata de seda 70 € ....

c) una bicicleta 490 € ....

d) un televisor 360 € ....

e) una lavadora 748 € ....

Übung 53

Bei dieser zweiten Übung machen wir es umgekehrt: Sie schreiben die entsprechende Ziffer!

a) tres mil setecientos cuarenta y nueve

....

b) dos millones seiscientos veinticuatro mil doscientos quince

....

c) setenta y nueve mil

....

d) ciento diez mil trescientos noventa y ocho

....

15 Präpositionen und Konjunktionen

oder *Puzzlewörter*

Die Sprache ist ein großes Puzzle, dessen Teile zusammengefügt werden müssen. Die Präpositionen und Konjunktionen spielen dabei eine entscheidende Rolle. Ein Satz ohne Präpositionen ist kaum zu verstehen:

La tarde quiero ir la librería comprar un libro derecho mi hermana.

Klingt komisch, nicht wahr? Jetzt lesen Sie den Satz vollständig:

Por la tarde quiero ir **a** la librería **para** comprar un libro **de** derecho **para** mi hermana. *Am Nachmittag will ich in die Buchhandlung gehen, um ein Buch über Jura für meine Schwester zu kaufen.*

15.1 Präpositionen

oder *Auf, über, für & Co.*

Präpositionen drücken zeitliche, modale oder örtliche Beziehungen zwischen Personen und Sachen aus. Die wichtigsten sind:

a *an, auf, um, nach, zu*
ante *vor, angesichts*
bajo *unter*
con *mit*
contra *gegen*
de *von, aus*
desde *seit, von … aus, von … an*
en *in, an, auf*
entre *zwischen, unter*

hacia *gegen*
hasta *bis*
para *für, nach, um ... zu*
por *wegen, durch, aus, von, für/gegen*
según *laut, je nach*
sin *ohne*
sobre *auf, über*
tras *nach, hinter*

Die am häufigsten verwendeten Präpositionen wollen wir Ihnen im Folgenden kurz beschreiben:

a *an, auf, im, in, um, zu, nach*

Diese Präposition wird mit dem männlichen Artikel immer zusammengeschrieben:

a + el = al

Sie wird verwendet für

- Zeitangaben:

¿A qué hora has quedado con Luis? – **A** las cinco. *Wann hast du dich mit Luis verabredet? – Um fünf.*
La factura llega una vez **al** año. *Die Rechnung kommt einmal im Jahr.*

- Richtungs-, Orts- und Zielangaben:

¿Vas **a** Granada? *Gehst du nach Granada?*
Barcelona está **al** norte de Valencia. *Barcelona liegt nördlich von Valencia.*
¿Vienes **a** tomar algo con nosotros? *Kommst du mit uns was trinken?*

- Erklärungen, wie etwas ist:

Me encantan las gambas **al** ajillo. *Ich liebe Scampi mit Knoblauch.*
Llueve **a** cántaros. *Es regnet in Strömen.*

- Altersangaben:

Empecé a tocar el violín **a** los diez años. *Mit zehn Jahren begann ich Geige zu spielen.*

- Aufforderungen:

¡**A** comer! La cena está lista. *Essen kommen! Das Abendbrot ist fertig!*

- die Einführung des indirekten Objekts (Dativ) bei transitiven Verben:

Le he dado la carta **a** tu madre. *Ich habe deiner Mutter den Brief gegeben.*

- die Einführung des direkten Objekts (Akkusativ) bei Personen:

Esta mañana me he encontrado **a** Ana. *Heute Morgen habe ich Ana getroffen.*

Bringen Sie mir ein Steak mit Pommes frites, ohne Salat, mit Brot, dann ... - Ich krieg nur einen Kaffee runter, ich habe mit ihr genug ...

con *mit*

wird verwendet,

- um die Begleitung zu nennen:

Esta tarde he quedado **con** Juan para ir al cine. *Für heute Nachmittag habe ich mit Juan abgemacht, dass wir ins Kino gehen.*

❗ Beachten Sie dabei die Konstruktionen conmigo *mit mir*, contigo *mit dir*, consigo *mit sich*!

- um die Art und Weise oder das Werkzeug bzw. Mittel (womit) zu nennen:

Hay que cortarlo **con** unas tijeras. *Man muss es mit einer Schere schneiden.*

- für Charakterisierungen:

Für (Charakter)eigenschaften können Sie con oder de verwenden, wobei de auf Eigenschaften verweist, die von Dauer sind. Con bezeichnet eher das Vorübergehende:

El chico **con** la camisa amarilla. *Der Junge mit dem gelben Hemd.*
La chica **de** pelo negro. *Das Mädchen mit den schwarzen Haaren.*

de *von, aus*
De wird mit dem männlichen Artikel zusammengeschrieben:

de + el = del

Diese Präposition wird verwendet

- für Herkunftsangaben:

¿**De** dónde eres? – **De** París. *Woher kommst du? – Aus Paris.*

! Man verwendet de + Ländername, wenn das Land aus der Perspektive eines Spanischsprechenden exotisch ist:

Karl es alemán. *Karl ist Deutscher.*
aber: Mohamed es **de** Sierra Leona. *Mohammed ist aus Sierra Leone.*

- zur Angabe des Stoffes oder Materials einer Sache:

La mesa es **de** madera maciza. *Der Tisch ist aus Massivholz.*

- um Besitz anzuzeigen:

El libro no es mío, es **de** Pilar. *Das Buch gehört nicht mir, es ist von Pilar.*

- um bei literarischen, künstlerischen oder wissenschaftlichen Werken den Autor zu nennen:

"La Casa de Bernarda Alba" es **de** Lorca. *La Casa de Bernarda Alba ist von Lorca.*

- um bei Bewegungsverben den Ausgangspunkt zu bezeichnen:

He salido **de** Cádiz a las diez de la mañana. *Ich bin um 10 Uhr morgens von Cádiz abgefahren.*

In dieser Bedeutung steht de oft in Verbindung mit der Präposition a:

Fui **de** Santiago **a** Vigo. *Ich fuhr von Santiago nach Vigo.*

- um über einen Zeitraum zu sprechen:

Trabajo **de** ocho **a** cinco. *Ich arbeite von acht bis fünf.*

- bei der Angabe der Tageszeit:

De día trabajo y **de** noche duermo. *Tagsüber arbeite ich und nachts schlafe ich.*

- um die Bestimmung von etwas anzugeben:

una máquina **de** escribir	*eine Schreibmaschine*
una tabla **de** planchar	*ein Bügelbrett*
un plato **de** sopa	*ein Suppenteller*
espuma **de** afeitar	*Rasierschaum*

Im Unterschied zum Deutschen wird in den folgenden Fällen keine Präposition verwendet:

- zwischen einem konjugierten Verb und einem Infinitiv, es sei denn, dass das Verb an sich eine Präposition verlangt:

Espero poder terminar el informe para mañana. *Ich hoffe, den Bericht für morgen fertigstellen zu können.*
Acuérdate **de** llamar esta tarde al banco. *Denk daran, heute Nachmittag die Bank anzurufen.*

- wenn zwei Verben dasselbe Subjekt haben. In dieser Konstruktion steht das zweite Verb in der Regel im Infinitiv:

He decidido hacer lo que tú dices. *Ich habe beschlossen, das zu tun, was du sagst.*

en *in, auf, an …*

Wir verwenden en in folgenden Fällen:

- bei Fortbewegungsmitteln:

en tren, **en** coche, **en** barco, **en** bicicleta, aber …
¡a pie! *(mit dem Zug, mit dem Auto, mit dem Schiff, mit dem Fahrrad,* aber … *zu Fuß!)*

- bei Ortsangaben:

Die Lokalisierung eines Objekts mit en ist ziemlich vage; en kann sich sowohl auf eine ebene Fläche (ähnliche Bedeutung wie sobre) als auch auf einen Innenraum beziehen:

¿Has visto mis gafas? *Hast du meine Brille gesehen?*
– Sí, están **en** el cajón/**en** la mesa. *– Ja, sie ist in der Schublade/auf dem Tisch.*

- bei der Nennung von Zeit und Dauer:

Mi cumpleaños es **en** febrero. *Mein Geburtstag ist im Februar.*
Nos vemos **en** media hora. *Wir sehen uns in einer halben Stunde.*

- zur Angabe der Zahlenverhältnisse bei Mengen, Schätzungen und Proportionen:

El número de parados ha aumentado **en** un 5 %. *Die Zahl der Arbeitslosen ist um 5 % gestiegen.*

para *für, nach, um … zu …*

Diese Präposition dient

- zur Angabe der Richtung:

Salió ayer **para** Madrid. *Er fuhr gestern nach Madrid.*

! Für Richtungsangaben können Sie auch die Präpositionen hasta/hacia/a verwenden:

- Mit a geben Sie das Ziel an sich an, ohne auf Aspekte der Bewegung Rücksicht zu nehmen.
- Mit hasta betonen Sie vor allem das Endziel der Reise.
- Mit hacia betonen Sie hingegen ausschließlich die Richtung, ohne das Ziel zu berücksichtigen. Es könnte etwas dazwischenkommen!
- Auch mit para ist der Weg wichtig; man verliert das Ziel jedoch nicht aus den Augen!

- für Zeitangaben:

Die Zeitangabe mit para versteht sich als Frist, in der etwas geschehen muss:

Tengo que acabar esta traducción **para** mañana. *Ich muss diese Übersetzung bis morgen fertig haben.*

- um Zweck oder Absicht auszudrücken:

Estudio español **para** viajar a Chile. *Ich lerne Spanisch, um nach Chile zu reisen.*

- um den Empfänger einer Sache zu nennen:

Mira, estas flores son **para** ti. *Schau mal, diese Blumen sind für dich.*

- um die eigene Meinung zu äußern:

Para mí, esto es una injusticia. *Für mich ist das eine Ungerechtigkeit.*

por *durch, wegen, für, aus, von*

Wir verwenden diese Präposition

- für ungefähre Ortsangaben:

Sonia vive **por** el puerto. *Sonia wohnt irgendwo am Hafen.*

- um uns auf die Durchquerung eines Ortes zu beziehen:

He venido **por** el parque. *Ich bin durch den Park gekommen.*

- für ungefähre Zeitangaben:

Siempre voy a correr **por** las mañanas. *Ich gehe immer morgens laufen.*

- zur Nennung eines Zeitraums:

Me voy **por** unos días al campo. *Ich ziehe für ein paar Tage aufs Land.*

- zur Angabe von Grund oder Ursache:

No pudimos irnos **por** la nieve. *Wir konnten wegen des Schnees nicht weggehen.*

- zur Angabe des Mittels:

Me informaron **por** teléfono. *Sie informierten mich per Telefon.*

- um über das Objekt eines Gefühls bzw. einer Einstellung zu sprechen:

Siento un gran respeto **por** tu trabajo. *Ich empfinde großen Respekt für deine Arbeit.*

- zur Angabe eines Zwecks:

Hay que luchar **por** la paz y la libertad. *Man muss für Frieden und Freiheit kämpfen.*

- für Preisangaben:

Lo he comprado **por** cien euros. *Ich habe es für hundert Euro gekauft.*

- um den Urheber der Handlung im Passiv zu nennen:

El puente fue construido **por** el arquitecto Calatrava.
Die Brücke wurde vom Architekten Calatrava gebaut.

Zu guter Letzt wollen wir noch kurz auf die Wiedergabe der Präpositionen *vor* und *seit* im Spanischen eingehen!

vor + Zeitpunkt — antes de
Ich gehe immer vor acht Uhr schwimmen.
Siempre voy a nadar antes de las ocho.
vor + Zeitraum — hace
Wir lernten uns vor zwei Jahren kennen.
Nos conocimos hace dos años.
seit + Zeitpunkt — desde
Ich habe seit Dienstag nicht mehr mit ihm gesprochen.
Desde el martes no he vuelto a hablar con él.
seit + Zeitraum — desde hace
Wir wohnen seit zehn Jahren in Salamanca.
Vivimos en Salamanca desde hace diez años.

Übungen

Übung 54
In den folgenden Sätzen fehlen die Präpositionen a, de, con, en. Welche gehört wohin?

a) Esta tarde voy a ir por primera vez .... casa .... mis padres .... Javier. ¡Estoy más nerviosa…!

b) ¿Dónde están las tijeras? Me parece que las he visto .... el cajón del escritorio.

c) Marta es una chica muy social, es amable

.... todo el mundo.

d) Voy un momento .... casa a buscar unos libros, ¿vienes?

e) Sevilla está .... norte .... Cádiz.

f) Aquí nunca nieva .... invierno, tenemos un clima muy templado.

g) ¿............................ quién es este cuadro? – Es

.... Tàpies, un pintor catalán contemporáneo.

Übung 55

Por oder para, was meinen Sie?

a) ¡Fíjate qué bien, he comprado la impresora

.... 150 euros!

b) Es un materialista, sólo trabaja .... dinero.

c) La ciudad de Mérida fue construida .... los romanos.

d) Mira, estos bombones son .... el abuelo, como es su cumpleaños…

e) He comprado este CD .... grabar los archivos de la tesis.

f) Antonio ha salido esta mañana .... Segovia, espero que tenga un buen viaje.

15.2 **Konjunktionen**
oder *Und, weil, denn & Co.*

Diese Jungen heutzutage können weder auf Bäume klettern noch rennen ... - Und die Haschisch-zigaretten, die wir als Jugendliche geraucht haben?

Konjunktionen verbinden oder trennen Sätze und Satzteile. Die wichtigsten Konjunktionen, die Sie auf jeden Fall kennen sollten, sind:

y	*und*	El lunes vinieron Carlos **y** Juan a verme. *Am Montag kamen Carlos und Juan mich besuchen.*

Vor i und hi wird die Konjunktion y zu e. Z. B. Mis asignaturas preferidas son Geografía **e** Historia. *Meine Lieblingsfächer sind Geografie und Geschichte.*

o	*oder*	¿Qué prefieres, vino **o** agua? *Was hast du lieber, Wasser oder Wein?*

Vor o und ho wird die Konjunktion o zu u. ¿Cuándo llegaste?, ¿ayer **u** hoy? *Wann bist du angekommen, gestern oder heute?*

ni … ni	*weder … noch*	No se lo he dicho **ni** a mis padres **ni** a mis hermanos. *Ich habe es weder meinen Eltern noch meinen Geschwistern gesagt.*
pero	*aber*	Si quieres vamos, **pero** no me gusta el sitio. *Wenn du willst, gehen wir, aber ich mag den Ort nicht.*
cuando	*wenn, als, immer wenn*	Se puso muy contenta **cuando** se enteró de la noticia. *Sie hat sich sehr gefreut, als sie die Nachricht erfuhr.*
aunque	*obwohl, auch wenn*	Vamos a ir a Mallorca de vacaciones, **aunque** no nos gusta mucho. *Wir fliegen in Urlaub nach Mallorca, obwohl es uns dort nicht so gut gefällt.*
que	*dass*	Te prometo **que** te llamaré luego. *Ich verspreche dir, dass ich dich später anrufen werde.*
porque	*weil*	Me gusta esta ciudad **porque** hay mucha vida. *Ich mag diese Stadt, weil sie voller Leben ist.*
si	*wenn*	**Si** tienes ganas podemos ir esta noche al cine. *Wenn du Lust hast, können wir heute Abend ins Kino gehen.*

Übungen

Übung 56

Ergänzen Sie die Sätze mit den fehlenden Konjunktionen y, e (2x), o, u, pero, sino.

a) Virginia habla español .... inglés.

b) Los vasos .... los platos están en el armario.

c) Yo no sólo toco el piano .... también el violín.

d) ¿Qué prefieres, café .... té?

e) Hay que buscar un especialista .... otra persona que sepa.

f) Me gustaría acompañarte .... no tengo tiempo.

g) Es divertido .... interesante.

16 Passiv und unpersönliche Aussagen

oder *Es wurde gebaut*

16.1 Passiv

oder *Die anderen machen lassen*

Was das Passiv betrifft, unterscheiden sich Spanisch und Deutsch beträchtlich, denn das Passiv wird in der gesprochenen spanischen Sprache nur selten gebraucht. Spanisch gilt gemeinhin als eine Sprache, die die Welt lieber aktiv als passiv erlebt und beschreibt! Das heißt aber nicht, dass es kein Passiv gibt: Es wird oft in der Zeitungs-, Behörden- und Juristensprache sowie zur Wiedergabe historischer Ereignisse verwendet.

Dieses Haus ist ein großartiges Kunstwerk. Es wurde 1910 von Antonio Gaudi erbaut. - Wie unpraktisch! Die Wände sind krumm …

Das Passiv wird mit dem Hilfsverb ser und dem Partizip Perfekt des Vollverbs gebildet. Dieses richtet sich in Geschlecht und Zahl nach dem Subjekt:

El Museo del Prado **es visitado** por muchos turistas.
Der Prado wird von vielen Touristen besucht.
La Casa Milá **fue construida** por Antonio Gaudí. *Die Casa Milá wurde von Antonio Gaudí erbaut.*

Zwei Sachen fallen an diesen Beispielen auf:

- ser kann in verschiedenen Zeiten stehen.
- Der Urheber der Handlung wird mit der Präposition por eingeleitet.

Wie verwandelt man nun einen Aktivsatz in einen Passivsatz? Das ist ganz einfach:

- Aktiv: El terremoto destruyó la ciudad en 1856.
  Das Erdbeben zerstörte die Stadt 1856.
- Passiv: La ciudad fue destruida por un terremoto en 1856. *Die Stadt wurde 1856 von einem Erdbeben zerstört.*

Wie im Deutschen gibt es auch im Spanischen ein sogenanntes Zustandspassiv. Es wird mit dem Verb estar gebildet und drückt das Ergebnis einer Handlung aus:

En Dinamarca las casas **están pintadas** de color rojo.
In Dänemark sind die Häuser mit roter Farbe gestrichen.

Wie bereits erwähnt, werden Sie das Passiv im Spanischen selten benutzen. Wie aber werden Sätze, die auf Deutsch im Passiv stehen, auf Spanisch wiedergegeben? Dafür sind die unpersönlichen Formen eine ganz große Hilfe!

16.2 Unpersönliche Aussagen
oder *Man gewöhnt sich an alles*

Da kommt man hierher, um sich auszuruhen – und dann das! - Zumindest ist hier ein bisschen Leben ...

Wenn Sie nicht persönlich werden wollen und der Urheber der Handlung für Sie unwichtig ist, können Sie folgende Konstruktionen benutzen:

- das unpersönliche se:

Das unpersönliche se (*die Leute*, *irgendjemand*, *man*) steht immer mit der 3. Person Singular des Verbs:

La catedral **se construyó** en el siglo XII. *Der Dom wurde im 12. Jahrhundert errichtet.*

- die 3. Person Plural:

Renovaron la casa hace un año. *Das Haus wurde vor einem Jahr restauriert.*

- uno:

Uno se acostumbra al ruido. *Man gewöhnt sich an den Lärm.*

Und jetzt wollen Sie das Gelernte sicher anwenden!

Übung 57

Die folgenden Ausschnitte stammen aus einem Geschichtsbuch und einer Tageszeitung.
Verwandeln Sie die Sätze ins Passiv. Achten Sie dabei auch auf die Zeiten der Verben!

a) En 1492 los Reyes Católicos expulsaron a los árabes.
b) Se ha inaugurado el museo este año.
c) Los españoles conquistaron la ciudad maya.
d) Las murallas de la ciudad se destruyeron en el siglo XVIII.
e) Los arqueólogos han descubierto las ruinas este año.

Übung 58

Wie heißt es auf Spanisch?

a) Die Schule wurde 1978 erbaut.
b) Der Computer ist heute Morgen repariert worden.
c) Der Schauspieler wurde von vielen Journalisten begleitet.

Und damit haben Sie Ihren Spaziergang durch die spanische Grammatik erfolgreich beendet!
Wir wünschen Ihnen bei Ihrer nächsten Reise in ein spanischsprachiges Land viel Spaß, lange und interessante Gespräche auf Spanisch und eine gute und angenehme Zeit!

Verbtabelle

Einfache Zeiten des Indikativs

Präsens (Presente)			
	trabajar *arbeiten*	**beber** *trinken*	**vivir** *leben*
yo	trabaj**o**	beb**o**	viv**o**
tú	trabaj**as**	beb**es**	viv**es**
él, ella, usted	trabaj**a**	beb**e**	viv**e**
nosotros, -as	trabaj**amos**	beb**emos**	viv**imos**
vosotros, -as	trabaj**áis**	beb**éis**	viv**ís**
ellos, -as, ustedes	trabaj**an**	beb**en**	viv**en**

Imperfekt (Pretérito imperfecto)			
	trabajar	**beber**	**vivir**
yo	trabaj**aba**	beb**ía**	viv**ía**
tú	trabaj**abas**	beb**ías**	viv**ías**
él, ella, usted	trabaj**aba**	beb**ía**	viv**ía**
nosotros, -as	trabaj**ábamos**	beb**íamos**	viv**íamos**
vosotros, -as	trabaj**abais**	beb**íais**	viv**íais**
ellos, -as, ustedes	trabaj**aban**	beb**ían**	viv**ían**

Indefinido (Pretérito perfecto simple)			
	trabajar	**beber**	**vivir**
yo	trabaj**é**	beb**í**	viv**í**
tú	trabaj**aste**	beb**iste**	viv**iste**
él, ella, usted	trabaj**ó**	beb**ió**	viv**ió**
nosotros, -as	trabaj**amos**	beb**imos**	viv**imos**
vosotros, -as	trabaj**asteis**	beb**isteis**	viv**isteis**
ellos, -as, ustedes	trabaj**aron**	beb**ieron**	viv**ieron**

Futur I (Futuro)	trabajar	beber	vivir
yo	trabaja**ré**	bebe**ré**	vivi**ré**
tú	trabaja**rás**	bebe**rás**	vivi**rás**
él, ella, usted	trabaja**rá**	bebe**rá**	vivi**rá**
nosotros, -as	trabaja**remos**	bebe**remos**	vivi**remos**
vosotros, -as	trabaja**réis**	bebe**réis**	vivi**réis**
ellos, -as, ustedes	trabaja**rán**	bebe**rán**	vivi**rán**

Konditional I (Condicional)	trabajar	beber	vivir
yo	trabaja**ría**	bebe**ría**	vivi**ría**
tú	trabaja**rías**	bebe**rías**	vivi**rías**
él, ella, usted	trabaja**ría**	bebe**ría**	vivi**ría**
nosotros, -as	trabaja**ríamos**	bebe**ríamos**	vivi**ríamos**
vosotros, -as	trabaja**ríais**	bebe**ríais**	vivi**ríais**
ellos, -as, ustedes	trabaja**rían**	bebe**rían**	vivi**rían**

Einfache Zeiten des Subjuntivo

Präsens (Presente)	trabajar	beber	vivir
yo	trabaj**e**	beb**a**	viv**a**
tú	trabaj**es**	beb**as**	viv**as**
él, ella, usted	trabaj**e**	beb**a**	viv**a**
nosotros, -as	trabaj**emos**	beb**amos**	viv**amos**
vosotros, -as	trabaj**éis**	beb**áis**	viv**áis**
ellos, -as, ustedes	trabaj**en**	beb**an**	viv**an**

Imperfekt (Imperfecto)	trabajar	beber	vivir
yo	trabaj**ara/-ase**	bebi**era/-iese**	vivi**era/-iese**
tú	trabaj**aras/-ases**	bebi**eras/-ieses**	vivi**eras/-ieses**
él, ella, usted	trabaj**ara/-ase**	bebi**era/-iese**	vivi**era/-iese**
nosotros, -as	trabaj**áramos/ -ásemos**	bebi**éramos/ -iésemos**	vivi**éramos/ -iésemos**
vosotros, -as	trabaj**arais/-aseis**	bebi**erais/-ieseis**	vivi**erais/-ieseis**
ellos, -as, ustedes	trabaj**aran/-asen**	bebi**eran/-iesen**	vivi**eran/-iesen**

Zusammengesetzte Zeiten des Indikativs

Perfekt (Pretérito perfecto compuesto)		trabajar	beber	vivir
yo	he	trabaj**ado**	bebi**do**	vivi**do**
tú	has	trabaj**ado**	bebi**do**	vivi**do**
él, ella, usted	ha	trabaj**ado**	bebi**do**	vivi**do**
nosotros, -as	hemos	trabaj**ado**	bebi**do**	vivi**do**
vosotros, -as	habéis	trabaj**ado**	bebi**do**	vivi**do**
ellos, -as, ustedes	han	trabaj**ado**	bebi**do**	vivi**do**

Plusquamperfekt (Pretérito pluscuamperfecto)		trabajar	beber	vivir
yo	había	trabaj**ado**	bebi**do**	vivi**do**
tú	habías	trabaj**ado**	bebi**do**	vivi**do**
él, ella, usted	había	trabaj**ado**	bebi**do**	vivi**do**
nosotros, -as	habíamos	trabaj**ado**	bebi**do**	vivi**do**
vosotros, -as	habíais	trabaj**ado**	bebi**do**	vivi**do**
ellos, -as, ustedes	habían	trabaj**ado**	bebi**do**	vivi**do**

Futur II (Futuro perfecto)		trabajar	beber	vivir
yo	habré	trabaj**ado**	beb**ido**	viv**ido**
tú	habrás	trabaj**ado**	beb**ido**	viv**ido**
él, ella, usted	habrá	trabaj**ado**	beb**ido**	viv**ido**
nosotros, -as	habremos	trabaj**ado**	beb**ido**	viv**ido**
vosotros, -as	habréis	trabaj**ado**	beb**ido**	viv**ido**
ellos, -as, ustedes	habrán	trabaj**ado**	beb**ido**	viv**ido**

Konditional II (Condicional perfecto)		trabajar	beber	vivir
yo	habría	trabaj**ado**	beb**ido**	viv**ido**
tú	habrías	trabaj**ado**	beb**ido**	viv**ido**
él, ella, usted	habría	trabaj**ado**	beb**ido**	viv**ido**
nosotros, -as	habríamos	trabaj**ado**	beb**ido**	viv**ido**
vosotros, -as	habríais	trabaj**ado**	beb**ido**	viv**ido**
ellos, -as, ustedes	habrían	trabaj**ado**	beb**ido**	viv**ido**

Zusammengesetzte Zeiten des Subjuntivo

Perfekt (Pretérito perfecto)		trabajar	beber	vivir
yo	haya	trabaj**ado**	beb**ido**	viv**ido**
tú	hayas	trabaj**ado**	beb**ido**	viv**ido**
él, ella, usted	haya	trabaj**ado**	beb**ido**	viv**ido**
nosotros, -as	hayamos	trabaj**ado**	beb**ido**	viv**ido**
vosotros, -as	hayáis	trabaj**ado**	beb**ido**	viv**ido**
ellos, -as, ustedes	hayan	trabaj**ado**	beb**ido**	viv**ido**

Plusquamperfekt (Pretérito pluscuamperfecto)		trabajar	beber	vivir
yo	hubiera/hubiese	trabaj**ado**	beb**ido**	viv**ido**
tú	hubieras/hubieses	trabaj**ado**	beb**ido**	viv**ido**
él, ella, usted	hubiera/hubiese	trabaj**ado**	beb**ido**	viv**ido**
nosotros, -as	hubiéramos/hubiésemos	trabaj**ado**	beb**ido**	viv**ido**
vosotros, -as	hubierais/hubieseis	trabaj**ado**	beb**ido**	viv**ido**
ellos, -as, ustedes	hubieran/hubiesen	trabaj**ado**	beb**ido**	viv**ido**

Imperativ (Imperativo)

Bejahter Imperativ	trabajar	beber	escribir *schreiben*
tú	trabaj**a**	beb**e**	escrib**e**
nosotros, -as	trabaj**emos**	beb**amos**	escrib**amos**
vosotros, -as	trabaj**ad**	beb**ed**	escrib**id**
usted	trabaj**e**	beb**a**	escrib**a**
ustedes	trabaj**en**	beb**an**	escrib**an**

Verneinter Imperativ	trabajar	beber	escribir
tú	no trabaj**es**	no beb**as**	no escrib**as**
nosotros, -as	no trabaj**emos**	no beb**amos**	no escrib**amos**
vosotros, -as	no trabaj**éis**	no beb**áis**	no escrib**áis**
usted	no trabaj**e**	no beb**a**	no escrib**a**
ustedes	no trabaj**en**	no beb**an**	no escrib**an**

Gerundio trabajar	beber	vivir
trabaj**ando**	beb**iendo**	viv**iendo**

Partizip Perfekt (Participio) trabajar	beber	vivir
trabaj**ado**	beb**ido**	viv**ido**

Unregelmäßige Verben

Verben mit Stammvokalveränderungen Indikativ Präsens

	e → ie **pensar** *denken*	**entender** *verstehen*	**querer** *wollen*
yo	pienso	entiendo	quiero
tú	piensas	entiendes	quieres
él, ella, usted	piensa	entiende	quiere
nosotros, -as	pensamos	entendemos	queremos
vosotros, -as	pensáis	entendéis	queréis
ellos, -as, ustedes	piensan	entienden	quieren

ebenso: empezar, sentir, cerrar, despertarse, sentarse, preferir

	o → ue **probar** *versuchen*	**poder** *können*	**volver** *zurückkehren*
yo	pruebo	puedo	vuelvo
tú	pruebas	puedes	vuelves
él, ella, usted	prueba	puede	vuelve
nosotros, -as	probamos	podemos	volvemos
vosotros, -as	probáis	podéis	volvéis
ellos, -as, ustedes	prueban	pueden	vuelven

ebenso: dormir, acordarse, acostarse, almorzar, contar, costar, encontrar

	e → i **pedir** *bestellen*	**servir** *dienen*	**seguir** *folgen*	u → ue **jugar** *spielen*
yo	pido	sirvo	sigo	juego
tú	pides	sirves	sigues	juegas
él, ella, usted	pide	sirve	sigue	juega
nosotros, -as	pedimos	servimos	seguimos	jugamos
vosotros, -as	pedís	servís	seguís	jugáis
ellos, -as, ustedes	piden	sirven	siguen	juegan

ebenso: repetir, vestirse, reírse

Verben mit Veränderung in der 1. Person Singular

hacer *machen*	**poner** *stellen*	**ver** *sehen*	**saber** *wissen*	**estar** *sein*	**conocer** *kennen*
ha**go**	pon**go**	**veo**	**sé**	est**oy**	cono**zco**
haces	pones	ves	sabes	estás	conoces
hace	pone	ve	sabe	está	conoce
hacemos	ponemos	vemos	sabemos	estamos	conocemos
hacéis	ponéis	veis	sabéis	estáis	conocéis
hacen	ponen	ven	saben	están	conocen

ebenso: salir → salgo; dar → doy u. a.

Andere unregelmäßige Verben
Indikativ Präsens

	ser *sein*	**ir** *gehen*	**haber** *haben*	**venir** *kommen*
yo	soy	voy	he	vengo
tú	eres	vas	has	vienes
él, ella, usted	es	va	ha	viene
nosotros, -as	somos	vamos	hemos	venimos
vosotros, -as	sois	vais	habéis	venís
ellos, -as, ustedes	son	van	han	vienen

Indikativ Indefinido

		Stamm	Endung
estar *sein*	yo	estuv-	e
poder *können*	tú	pud-	iste
poner *stellen*	él, ella, usted	pus-	o
querer *wollen*	nosotros, -as	quis-	imos
saber *wissen*	vosotros, -as	sup-	isteis
venir *kommen*	ellos, -as	vin-	ieron
tener *haben*	ustedes	tuv-	ieron

		Stamm	Endung
traer *bringen*	yo	traj-	e
decir *sagen*	tú	dij-	iste
	él, ella, usted		o
	nosotros, -as		imos
	vosotros, -as		isteis
	ellos, -as, ustedes		eron

		Stamm	Endung
hacer *machen*	yo	hic-	e
	tú	hic-	iste
	él, ella, usted	hiz-	o
	nosotros, -as	hic-	imos
	vosotros, -as	hic-	isteis
	ellos, -as, ustedes	hic-	ieron

Partizip Perfekt

abrir	*aufmachen*	abierto
decir	*sagen*	dicho
escribir	*schreiben*	escrito
hacer	*machen*	hecho
ir	*gehen*	ido
poner	*stellen*	puesto
ver	*sehen*	visto
volver	*zurückkehren*	vuelto

Indikativ Imperfekt

	ser *sein*	**ir** *gehen*	**ver** *sehen*
yo	era	iba	veía
tú	eras	ibas	veías
él, ella, usted	era	iba	veía
nosotros, -as	éramos	íbamos	veíamos
vosotros, -as	erais	ibais	veíais
ellos, -as, ustedes	eran	iban	veían

Konditional und Futur

	Stamm	Endung Konditional	Endung Futur
decir	dir-	ía	é
poder	podr-	ías	ás
saber	sabr-	ía	á
salir	saldr-	íamos	emos
venir	vendr-	íais	éis
haber	habr-	ían	án

ebenso: tener – tendr- und hacer – har-

Imperativ (Du-Form)

decir	*sagen*	di
hacer	*machen*	haz
poner	*stellen*	pon
salir	*ausgehen*	sal
tener	*haben*	ten
venir	*kommen*	ven
ver	*sehen*	ve
dar	*geben*	da
ir	*gehen*	ve

Gerund

e → i	o → u	-iendo → -endo
decir *sagen* → diciendo	dormir *schlafen* → durmiendo	ir *gehen* → yendo
venir *kommen* → viniendo	morir *sterben* → muriendo	leer *lesen* → leyendo
pedir *bestellen* → pidiendo		creer *glauben* → creyendo

Terminologie

Fachbegriff	Erklärung	Beispiel
Adjektiv	Eigenschaftswort	eine *blaue* Hose
Adverb	Umstandswort	sie gingen *langsam*
Akkusativ	4. Fall, Wen-Fall	*den Weg* kennen
Aktiv	Tätigkeitsform	ich *füttere* die Katze
Artikel	Geschlechtswort	*der* Mann, *eine* Frau
Attribut	Beifügung zur näheren Bestimmung	der Berg *dort*, die *singende* Frau, das Schlagen *der Uhr*
Dativ	3. Fall, Wem-Fall	sie glaubt *mir*
Demonstrativ-pronomen	hinweisendes Fürwort	*dieser* Junge
feminin	weiblich	*die* Bluse, *eine* Rose
Futur I	1. Zukunft	ich *werde lernen*
Futur II	2. Zukunft	ich *werde gelernt haben*
Genitiv	2. Fall, Wes-Fall	*des* Vaters, *der* Mutter, *des* Kindes
Genus	grammatisches Geschlecht	*das* Mädchen, *der* Garten
Gerundium	Verlaufsform	*schlafend*
Imperativ	Befehlsform	*gib* es *mir*!
Imperfekt	1. Vergangenheit	ich *las*, es *regnete*
Indefinitpronomen	unbestimmtes Fürwort	*jeder*, *einige*, *irgendein*
Indikativ	Wirklichkeitsform	wir *lernen*, du *kamst*
indirekte Rede	wiedergegebene Rede	*Er sagte, er sei zu Hause.*
Infinitiv	Grundform des Verbs	*spielen*, *reden*
Interrogativ-pronomen	Fragefürwort	*wer*, *wo*
intransitiv	Verb ohne direktes Objekt	ich *telefoniere*
Kardinalzahl	Grundzahl	*ein*, *zwei*, *drei*

Fachbegriff	Erklärung	Beispiel
Kasus	Fall	Nominativ, Genitiv, Dativ, Akkusativ
Komparativ	1. Steigerungsstufe des Adjektivs oder Adverbs	ein *schöneres* Auto, sie fuhren *schneller*
Konditional	Bedingungsform	ich *würde* kommen
Konjugation	Beugung des Verbs	ich *fahre*, du *fährst*
Konjunktion	Bindewort	wir aßen *und* tranken
Konjunktiv	Möglichkeitsform	*Hätte* ich doch *angerufen*!
maskulin	männlich	*der* Anzug, *ein* Baum
Modalverb	Zeitwort der Art und Weise	*können*, *müssen*, *wollen*
Modus	Aussageweise des Verbs (Indikativ, Konditional, Konjunktiv, Imperativ)	ich *gehe*, ich *ginge*, *geh*!
Negation	Verneinung	ich komme *nicht*
Nominativ	1. Fall, Wer-Fall	*der* Mann, *die* Frau, *das* Kind
Neutrum	sächliches Geschlecht des Substantivs	*das* Haus, *ein* Buch
Objekt	Satzergänzung	Maria kauft *Schuhe*.
Ordinalzahl	Ordnungszahl	*erste/r/s*, *zweite/r/s*
Partizip Präsens	Mittelwort der Gegenwart	*schweigend*, *weinend*
Partizip Perfekt	Mittelwort der Vergangenheit	*gefahren*, *verkauft*
Passiv	Leideform	die Katze *wird gefüttert*
Perfekt	vollendete Vergangenheit	ich *habe gelesen*
Personalpronomen	persönliches Fürwort	*du*, *er*, *sie*
Plural	Mehrzahl	*Straßen*, *Menschen*
Plusquamperfekt	Vorvergangenheit	ich *hatte gelesen*
Possessiv-pronomen	besitzanzeigendes Fürwort	*meine* Jacke, *sein* Buch
Prädikat	Verb des Satzes	Maria *kauft* Schuhe.

Fachbegriff	Erklärung	Beispiel
Präposition	Verhältniswort	*auf*, *zwischen*, *in*, *mit*
Präsens	Gegenwart	ich *lese*
Pronomen	Fürwort	*du*, *es*, *ihm*
Reflexivpronomen	rückbezügliches Fürwort	ich wasche *mich*
Relativpronomen	bezügliches Fürwort	das Buch, *das* ich lese
Singular	Einzahl	*Straße*, *Mensch*
Subjekt	Satzgegenstand	*Maria* kauft Schuhe.
Substantiv	Nomen, Hauptwort	*Sonne*, *Glück*
Superlativ	2. Steigerungsstufe des Adjektivs oder Adverbs	das *schönste Auto*, sie fuhren *am schnellsten*
transitiv	Verb mit Akkusativergänzung	wir *kennen* den Film
Verb	Tätigkeitswort, Zeitwort	*lesen*, *fahren*

Lösungen

Übung 1

a) la
b) los
c) el
d) el
e) la
f) las
g) la
h) la

Übung 2

a) Ø
b) Ø – la – Ø
c) el
d) Ø – un – el
e) los
f) Ø – la – el – el

Übung 3

a) pequeña
b) ninguna
c) tercer
d) inglés
e) francés
f) rubia
g) azules
h) atractiva

Übung 4

a) La catedral vieja es menos alta que la catedral nueva. La catedral nueva es más alta que la catedral vieja.
b) La novela policíaca es peor que la novela de aventuras. La novela de aventuras es mejor que la novela policíaca.
c) Sara trabaja peor que Ana. Ana trabaja mejor que Sara.
d) Pedro es tan simpático como Roberto. Pedro es igual de simpático que Roberto.
e) Ana es menos rubia que Elena. Elena es más rubia que Ana.
f) El vino tinto es peor que el vino rosado. El vino rosado es mejor que el vino tinto.

Übung 5

vivo, opino, viven, trabajo, tengo, cree, trabajan, pienso, pueden, pido

Übung 6

a) Sandra está leyendo una novela policíaca.
b) Jorge está comprando en el supermercado.
c) Andrea y Simón están jugando un partido de tenis.
d) Alberto y Carlos están viendo en la televisión un partido de fútbol.
e) Ana se está maquillando.
f) Roberto está cocinando una paella.

Übung 7

a) vas; **b)** piensas; **c)** aprende; **d)** comenzamos; **e)** cuento

Übung 8

soy, soy, es, es, son, son, está, es, estamos

Übung 9

a) 1
b) 2
c) 2

Übung 10

a) son, están; **b)** está, hay; **c)** Es, está; **d)** está, es; **e)** es, estamos

Übung 11

a) hay, está; **b)** Es, hay; **c)** está, hay; **d)** están; **e)** estás, es; **f)** está, está;
g) hay

Übung 12

a) es; **b)** Hay; **c)** Es; **d)** está; **e)** Está, Soy; **f)** hay

Übung 13

a) he empezado; **b)** ha venido; **c)** han pedido; **d)** habéis visto;
e) has terminado; **f)** ha abierto

Übung 14

a) habéis estado; **b)** hemos visitado, hemos recorrido, hemos visto;
c) habéis subido; **d)** he intentado, ha sido, han dejado

Übung 15

a) comí, comió; **b)** tuve, tuvo; **c)** miré, miró; **d)** puse, puso; **e)** vine, vino;
f) leí, leyó; **g)** me reí, se rió; **h)** estuve, estuvo; **i)** pude, pudo

Übung 16

a) nació; **b)** empezó, se volvió; **c)** se hizo, dejó, gustó; **d)** ganó;
e) tuvo, superó, siguió; **f)** se convirtió

Übung 17
a) vivíamos; **b)** iba; **c)** me gustaba; **d)** compartía

Übung 18
a) era, había, hacíamos, existían; **b)** gustaba, tenía, producían, había

Übung 19
La pasada noche tuvo lugar un robo en el Banco Central. Los ladrones entraron por la puerta trasera del banco y consiguieron acceder a la zona de alta seguridad de éste. La sucursal estaba en esos momentos vacía, por lo cual los ladrones tuvieron mucho tiempo para realizar su hazaña. El director del banco comentó el suceso en la prensa local: "Estamos muy decepcionados. Las grandes medidas de seguridad por lo visto no han mostrado ninguna efectividad. Es una catástrofe para nuestro banco".

Übung 20
he podido
he tenido
has estado
he llamado
ha pasado
esperé
llegabas
pregunté
me propuso
apareció
decidió
esperábamos

Übung 21
tendrá, decidirá, convertirá, casará, tendrá, habrá montado, será

Übung 22
a) 4
b) 3
c) 5
d) 1
e) 2

Übung 23
a) 3
b) 5
c) 1
d) 4
e) 2

Übung 24

a) hablaría; b) iría; c) saldría; d) escribiría; e) pagaría; f) comería

Übung 25

a) 3; b) 1; c) 5; d) 2; e) 4; f) 6

Übung 26

a) Vete.
b) No pisen el césped.
c) No fumen.
d) Ve a su casa y pregúntaselo.
e) Escríbeme.
f) Preguntárselo/Preguntádselo.

Übung 27

a) No tengáis paciencia.
b) No vuelvas a poner ese disco.
c) No prestes atención.
d) No te sientes en la mesa.
e) No salga deprisa, por favor.
f) No seáis cuidadosos.

Übung 28

a) hables; b) beba; c) pienses; d) volváis; e) vuelvan; f) diga; g) vayas; h) sepa; i) sigamos

Übung 29

a) te intereses, estoy
b) sea, se portan
c) entiendan, estuviera, supiera, entiendo
d) es, tenga, sea, reconozca, crees
e) se estropee, cuido, puede

Übung 30

a) observen; b) entre, tenga; c) utilicen; d) lleven, estén; e) haya

Übung 31

a) Si no hubieran viajado por toda España, ahora no conocerían todas las regiones. (Die Variante des Subjuntivo auf -ese ist auch korrekt: Si no hubiesen viajado por toda España ahora no conocerían todas las regiones. Das gilt für alle Fälle mit Subjuntivo Imperfekt bzw. Plusquamperfekt.)

b) Si Luis no hubiera estado enamorado, no le habría regalado rosas a su novia. (Auch die Variante mit Subjuntivo Plusquamperfekt hubiera/hubiese regalado im Hauptsatz ist richtig. Das gilt auch für alle weiteren irrealen Satzgefüge.)
c) Si no hubiera estado loco, no habría hecho muchas tonterías.
d) Si Marcos hubiera conocido la ciudad de Granada, no se habría buscado un guía experto.
e) Si ellos hubieran sabido nadar, habrían viajado alguna vez por mar.

Übung 32
a) tuviera (auch tuviese), viajaría
b) supiera (auch supiese), daría
c) viviera (auch viviese), viviría
d) hablara (auch hablase), trabajaría
e) existiera (auch existiese), tendría

Übung 33
a) E; **b)** C; **c)** D; **d)** B

Übung 34
a) tuviéramos, compraríamos; **b)** quisieras, buscarías;
c) me quedaría, fuera; **d)** supiera, diría

Übung 35
a) Pregunta si tienes algún plan para esta noche.
b) Quiere saber si te apetece salir a tomar algo.
c) Dice que mañana quiere ir a comprar al centro y pregunta si quieres ir con ella.
d) Pregunta a qué hora te pasa a buscar.
e) Se ha despedido de ti.

Übung 36
a) Dijo que iba a estar dos semanas en Canarias y que me llamaría desde allí.
b) Dijo que/Me pidió si podía regarle las plantas de vez en cuando.
c) Dijo que controlara el buzón cada dos o tres días y añadió que normalmente recibía mucho correo.
d) Dijo que/Me preguntó si le daría de comer al periquito. Después me dio las gracias por todo.

Übung 37
b) Dice que para que le demos nuestro voto, sepamos que quiere un país mejor. **c)** Dice que nos invita a que vayamos a la asamblea para conocer sus planes concretos. **d)** Dice que votemos por él en las próximas elecciones y que no nos defraudará.

Übung 38
a) inteligentemente
b) espontáneamente
c) tranquilamente
d) sabiamente
e) tímidamente
f) dulcemente
g) perezosamente
h) rápidamente
i) silenciosamente
j) felizmente
k) cuidadosamente
l) prácticamente

Übung 39
a) mucho – ópera
b) muy – cine
c) muy – museo
d) muy – panadería
e) mucho – banco
f) muy – restaurante

Übung 40
a) tranquilamente; b) cariñosamente; c) Normalmente; d) increíblemente; e) completamente; f) amablemente

Übung 41
a) me las
b) se lo
c) lo
d) te, me lo
e) le, le
f) se lo

Übung 42
a) nuestro/su
b) mi/la mía
c) suyo
d) mío
e) vuestra

Übung 43
a) mío; b) tuyo; c) suyos; d) vuestra; e) suyas; f) suyo

Übung 44

a) mis/tuyas, **b)** mia, **c)** mia, **d)** Mi/vuestra

Übung 45

a) estos/esos
b) Aquél
c) Esto
d) ese
e) eso

Übung 46

a) alguien
b) alguien
c) nadie
d) nadie/nada
e) algunos
f) algún
g) alguien
h) algo

Übung 47

a) ¿Me puede traer otra botella de agua, por favor?
b) No tengo ningún interés en la candidatura a presidente de la junta.
c) Ya he visto esta película algunas veces.
d) No quiero nada, gracias.
e) Ha llamado alguien por teléfono, pero no sé quién es.

Übung 48

a) que
b) quien
c) que
d) cuyo
e) donde/en la que
f) que

Übung 49

a) 4.
b) 3.
c) 1.
d) 2.

Übung 50

a) adónde
b) quién
c) de dónde

d) qué
e) dónde
f) cuándo
g) cuánto

Übung 51
a) qué
b) qué
c) cuáles
d) cuál
e) qué
f) cuál

Übung 52
a) ciento treinta y cinco euros
b) setenta euros
c) cuatrocientos noventa euros
d) trescientos sesenta euros
e) setecientos cuarenta y ocho euros

Übung 53
a) 3.749
b) 2.624.215
c) 79.000
d) 110.398

Übung 54
a) a/de/con
b) en
c) con
d) a
e) al/de
f) en
g) de/de

Übung 55
a) por
b) por
c) por
d) para
e) para
f) para

Übung 56

a) e
b) y
c) sino
d) o
e) u
f) pero
g) e

Übung 57

a) Los árabes fueron expulsados por los Reyes Católicos en 1492.
b) El museo ha sido inaugurado este año.
c) La ciudad maya fue conquistada por los españoles.
d) Las murallas de la ciudad fueron destruidas en el siglo XVIII.
e) Las ruinas han sido descubiertas por los arqueólogos este año.

Übung 58

a) La escuela fue construida en 1978.
b) El ordenador ha sido reparado esta mañana.
c) El actor fue acompañado por muchos periodistas.

Register

D

E